Fabelbuch

OPUSCULA
2

Symeon Seth

Fabelbuch

Stephanites und Ichnelates

Zweisprachige Ausgabe
von Kai Brodersen

Kartoffeldruck-Verlag
Speyer 2021

Bibliografische Information der Deutschen Nationalbibliothek

Die Deutsche Nationalbibliothek verzeichnet diese Publikation in der Deutschen Nationalbibliografie; detaillierte bibliografische Daten sind im Internet über http://dnb.d-nb.de abrufbar.

Umschlagbild mit freundlicher Genehmigung von *The Morgan Library & Museum*: M. 397, fol. 002r (Ausschnitt; s. S. 12); Bildvorlage: http://ica.themorgan.org/manuscript/page/7/112333.

Der Kartoffeldruck-Verlag – den Namen verdankt er einem Vorschlag von Prof. Dr. Niklas Holzberg – publiziert zum reinen Selbstkostenpreis Bücher, die in jeder Buchhandlung bestellt werden können – insbesondere für Expertinnen und Experten in Altertumswissenschaft und Schule.

2021

www.kartoffeldruck-verlag.de
ISBN 978-3-939526-46-9

Für Niklas Holzberg

zum 24. Juni 2021

Inhaltsverzeichnis

Vorwort

Vor einigen Jahren veranstaltete das *Landesmuseum Natur und Mensch* in Oldenburg eine Ausstellung mit dem Titel *Tierisch moralisch: Die Welt der Fabel in Orient und Okzident*. Es überrascht nicht, dass sowohl im Colloquiums- als auch im Begleitband der Beitrag über *Äsop und die griechisch-römische Fabeltradition* von Niklas Holzberg stammt – nicht nur, weil sein Vater Heinz Holzberg Buchhändler und Verleger in Oldenburg war, sondern vor allem, weil er zu den führenden Erforschern der Fabel gehört.

Niklas Holzbergs grundlegendes Werk *Die antike Fabel. Eine Einführung* (1993) ist inzwischen in einer dritten Auflage (2012) und in einer englischen Übersetzung (2002) erschienen. Seine neuen zweisprachigen Ausgaben der Fabelbücher von *Phaedrus* (2018), *Babrios* (2019) und *Äsop* (2021) liegen in der von ihm gemeinsam mit Bernhard Zimmermann betreuten *Sammlung Tusculum* vor, von weiteren Studien zu Fabelbüchern unter den mehr als 500 Publikationen (die auf www.niklasholzberg.com verzeichnet sind) ganz zu schweigen.

Nicht in der griechisch-römischen Fabeltradition, wohl aber in griechischer Sprache ist das Fabelbuch des Symeon Seth überliefert, dessen zweisprachige Präsentation Niklas Holzberg zum 75. Geburtstag zugeeignet sei – und dies in der Hoffnung (die man wohl nur äußern darf, wenn man sich, wie wir, seit einem halben Jahrhundert kennt), dass sie ihn zu einer gescheiten Bilingue dieses Fabelbuchs anregt.

Ad multos annos!

Erfurt — Kai Brodersen

Einführung

Fabelbücher

> Am Anfang war Äsop … Das glaubten die Griechen oder wollten es zumindest glauben machen. Sie kürten den sagenumwobenen Phrygier Aisopos / Aesopus, der angeblich im 6. vorchristlichen Jahrhundert als Sklave sein Dasein fristete, zum Erfinder der Fabel. Und sie taten dies mit solchem Erfolg, dass in der westlichen Welt bis heute »Fabel« und »äsopische Fabel« gemeinhin als Synonyme verstanden werden. Dabei hätten es die weit gereisten und weltkundigen Hellenen eigentlich besser wissen müssen.[1]

So beginnt der im Vorwort genannte Begleitband zur Oldenburger Ausstellung und fährt fort: »Die Monopolstellung Äsops im kollektiven Gedächtnis erschwerte aber nicht nur den Blick zurück …, sie verengte auch die Perspektive auf die Fabelliteratur neben und nach Äsop. Wer in unseren Breiten weiß schon etwas von der reichen Fabeldichtung des Orients? Wer – außerhalb der Fachgelehrtenkreise – ist schon einmal bis zu den indischen Fabelwelten des *Pañcatantra* vorgestoßen? Wer kennt bei uns *Kalīla und Dimna,* jene fabulösen Schakale, denen die arabische Fabelsammlung *Kalīla wa-Dimna* ihren Namen verdankt? … (Diese Sammlung wurde) im gesamten Mittelmeerraum und im westlichen Europa rezipiert. Die wichtigsten Stationen der frühen europäischen Rezeptionsgeschichte von *Kalīla wa-Dimna* sind die Übersetzungen ins Griechische durch Symeon Seth (Ende des 11. Jahrhunderts): *Stephanites kai Ichnelates,* ins Hebräische durch Rabbi Joël (Anfang des 12. Jahrhunderts): *Kalila we-Dimna*, ins Altspanische (Mitte des 13. Jahrhunderts): *Libro*

1 Fansa/Grunewald 2009, 11.

Calila e Digna und ins Lateinische (aus dem Hebräischen des Rabbi Joël) durch Johannes von Capua: *Directorium humanae vitae* (um 1270). Für die Verbreitung von *Kalīla wa-Dimna* in den westeuropäischen volkssprachigen Literaturen kommt der lateinischen Übersetzung des Johannes von Capua eine Schlüsselrolle zu. In Deutschland wurde dessen *Directorium* um 1480 von Anton von Pforr († 1483) übersetzt: *Bůch der byspel der alten wysen*. Das Werk erfreute sich großer Beliebtheit und entwickelte sich im 16. Jahrhundert zu einem Bestseller.«[2]

In der Tat ist das Fabelbuch *Kalīla wa-Dimna* wie sonst vielleicht nur *Tausendundeine Nacht* »diejenige orientalische Erzählsammlung, die auf Europa den größten Einfluss hatte«.[3] Kalila und Dimna sind in dieser Sammlung die Namen zweier Schakale, die am Anfang der Sammlung als Gegenspieler auftreten. Die Vorlage dafür war eine einem Bidpai zugeschriebene Version des indischen *Pañkatantra* (»Pentateuch«), die im 6. Jahrhundert ins Mittelpersische übersetzt wurde; diese (nicht erhaltene) Version wurde noch in jenem Jahrhundert ins Syrische übertragen, in der Mitte des 8. Jahrhunderts dann von Ibn al-Muqaffa' ins Arabische.[4] In dieser Fassung wurde das Fabelbuch bald in der ganzen islamischen Welt und von dort auch im nichtislamischen Europa verbreitet.[5]

Ins Griechische wurde *Kalīla wa-Dimna* (mindestens) zweimal übersetzt. Die älteste Teilübersetzung findet sich im *Codex Pierpont Morgan 397* aus dem 10./11. Jahrhundert,[6] der heute in New York bewahrt wird, aber aus dem Kloster Grottaferrata bei Rom stammt, und dem auch für die Äsop-

---

2 Fansa/Grunewald 2009, 12–13. Grundlage der Angaben zur Wirkungsgeschichte des Pañkatantra ist Hertel 1914, 401–404; s. auch Grotzfeld u. a. 1993; Anton 2007.

3 Grotzfeld u. a. 1993, 888.

4 Edition: Cheikho 1905; Übersetzung Wolff 1838.

5 Neuere Übersichten bei Grotzfeld u. a. 1993 und bei Anton 2007.

6 Edition: Husselman 1939; Bilder auf https://www.themorgan.org/manuscript/112333.

Tradition große Bedeutung zukommt.[7] Während diese Übersetzung keine bisher nachvollziehbare literarische Wirkung entfaltete, wurde die zweite, die Symeon Seth im späteren 11. Jahrhundert anfertigte,[8] vielfach abgeschrieben und auch umgearbeitet (s. u. S. 17)und fand weite Verbreitung.

Anders als andere Übersetzer übertrug Symeon Seth auch die Eigennamen: So wird bei ihm aus dem arabischen Namen des Königs der Rahmenhandlung, *Dabšalīm*, der biblische Name Absalom[9] und aus *Kalīla* »mit volksetymologischer Anlehnung« an arabisch *iklīl* oder syrisch *klīl* »Kranz« (στέφανος) *Stephanites*, während der arabische Name *Dimna* nach arabisch *dimn* »Spur« (ἴχνος) mit *Ichnelates* wiedergegeben ist.[10]

Die Erstausgabe des Texts nach der Abschrift einer späteren Fassung durch den Humanisten Lucas Holste (Holstenius, 1596–1661), die heute in der Hamburger Staats- und Universitätsbibliothek als *Codex phil. 86 fol.* bewahrt wird, brachte 1697 Sebastian Gottfried Star(c)ke (1668–1710) heraus, der seinerzeit Inspektor der Kurfürstlichen Orientalischen Bibliothek in Berlin war.[11] Eine Neuausgabe[12] besorgte Vittorio Puntoni (1859–1926) im Jahr 1889; die 1962 erschienene, seither maßgebliche Ausgabe der älteren Version (ohne die Prooimia, ohne manche Passagen und ohne die Bücher 8 sowie 10–15) wird Lars-Olof Sjöberg (1930–2020) verdankt.[13]

Symeon Seth wendet sich in diesem Fürstenspiegel[14] dabei an eine zeitgenössische Leserschaft: Mit Vergnügen wird

7 Siehe zuletzt Holzberg 2021, 19; der Codex überliefert auch ein paar Witze aus dem *Philogelos*, s. zuletzt Brodersen 2016, 118.
8 Grundlegend zu seinem literarischen Vorgehen ist die Studie von Condylis-Bassoukos 1997; s. auch Sternai Saraceno 2014 und Krönung 2016..
9 Niehoff-Panagiotidis 2003, 86.
10 Niehoff-Panagiotidis 2003, 89; s. bereits Hertel 1914, 401.
11 Zur Person s. Schröder 1879, 284 Nr. 3877.
12 Die Erstausgabe der *Prooimia* publizierte Aurivillius 1780.
13 Puntoni 1889; Sjöberg 1962. Buch 9 wird in der Kurzfassung al 8 gezählt.
14 Zu dieser Gattung in Byzanz allgemein, aber ohne Bezug auf dieses Fabelbuch, vgl. die von Blum 1981 gesammelten Werke.

diese die Bezüge zu den klassischen Werken eines Homer, Hesiod, Pindar, Theognis, Demosthenes und Galen, zum Rhetorik-Schulbuch des Aphthonios sowie zum Alten und Neuen Testament erkannt haben (sie sind hier im griechischen Text kursiv gesetzt; die Belege sind in der Übersetzung in runden Klammern angegeben). Auch Titel wie *Archegos* (Oberster Anführer, etwa Bürgermeister) sowie die Hoftitel *Protomageiros* (Chef der Küche), *Strategos* (Chef der Armee), *Protonotarios* (Chef der Kanzlei) und *Protoboulos* (Chef des Beraterstabs) waren einem zeitgenössischen Publikum vertraut und sollten ihm den alten Text näherbringen. Wer also war Symeon Seth?

Symeon Seth

In der zweiten Hälfte des 11. Jahrhunderts herrschten in Konstantinopel (Byzanz, heute İstanbul) – um nur die wichtigsten Kaiser zu nennen – 1059–1067 Konstantin X. Doukas, 1067–1087 Michael VII. Doukas und dann 1081–1118 Alexios I. Komnenos; in diese Zeit fällt das Wirken des Symeon Seth.[15] Über seine Vita sind wir, da – im Unterschied zu anderen zeitgenössischen Autoren – keine Briefe überliefert sind, fast nur durch seine Werke informiert, die dank späterer Abschriften erhalten geblieben sind. In diesen Codices wird er meist als ein aus Antiocheia (heute Antakya) stammender Philosoph bezeichnet und mit den Titeln *magistros* und *vestes* genannt.[16]

Am häufigsten kopiert wurde sein Werk zur Ernährungskunde: Σύνταγμα κατὰ στοιχείων περὶ τροφῶν δυνάμεων

15 Zur Person: Bloch 1902, 563–564, Brunet 1939, 13–29 (nicht immer zuverlässig); Sjöberg 1962, 87–99; Beck 1971, 41–45; Hunger 1978, 308–309; Volk 1997; Condylis-Basoukos 1997, XXIII–XXV; Niehoff-Panagiotidis 2003, 36–38; Magdalino 2003, 19–21; Bouras-Vallianatos 2015, 436–442.

16 Diese Titel weisen zu jener Zeit auf einen Beamten mittleren Ranges hin; s. Bouras-Vallianatos / Xenophontos 2015, 438.

(*Sammlung in alphabetischer Reihenfolge der Eigenschaften von Lebensmitteln*). Dieses *A und O vom Essen und Trinken* ist vielleicht eine Überarbeitung älterer Werke, namentlich des Aëtios von Amida und des Michael Psellos,[17] und stellt seinem Vorwort zufolge aus griechischen, arabischen und indischen Quellen Nahrungs- und Genussmittel und deren Wirkung auf den Körper vor. Das Werk, das alphabetisch, also von Alpha bis Omega, sortiert ist, bietet einen Einblick in die Alltagswelt in Byzanz: Es geht um Brot und Butter, Wasser und Wein, Essig und Öl, Milch und Honig, Salz und Pfeffer, Äpfel und Birnen, Fisch und Fleisch, aber auch um Hummer und Kaviar und um Moschus und Haschisch. Ziel des Werks ist es, dass seine Leserschaft durch richtige Ernährung bei guter Gesundheit bleibt. In dieser Schrift haben mehr als die Hälfte der Angaben zu einfachen Wirkstoffen in der griechischen pharmakologischen Literatur keine Entsprechungen. In den meisten dieser Fälle kann man aber auf Angaben bei arabischen Ärzten hinweisen. Symeon Seth hat also ganz offenbar sowohl griechische als auch arabische Vorlagen ausgewertet.[18] Das Werk wurde sehr häufig abgeschrieben und dabei – wie bei Arbeiten dieser Art üblich – immer wieder erweitert.

Zugeschrieben werden dem Symeon Seth auch zwei kurze Kapitel Περὶ ὀσφρήσεως / Περὶ γεύσεως καὶ ἁφῆς (*Über Geruch / Über Geschmack und Tastsinn*), deren tatsächliche Autorschaft freilich ungeklärt ist.[19] In einer einzigen Abschrift überliefert ist zudem ein Ἀντιρρητικὸς πρὸς Γαληνόν (*Gegenrede gegen Galen*), in der sich Symeon Seth mit einzelnen Positionen der galenischen Medizin auseinandersetzt.[20]

Erhalten ist sodann eine Σύνοψις τῶν φυσικῶν (*Naturkundliche Zusammenschau*) in fünf Büchern. Das erste behan-

17 So die Vermutung von Moore 2005, 434–435.
18 Harig 1967; s. auch Volk 1989; Varella 1995.
19 Edition: Ideler 1842.
20 Konkurrierende Editionen: Bouras-Vallianatos / Xenophontos 2015; Cronier u. a. 2015; vgl. bereits Schmid 1960 und zuletzt Bouras-Vallianatos 2019, 99–100.

delt die Erde, das zweite die Elemente, das dritte den Himmel und die Sterne, das vierte Materie, Form, Natur und Seele (Sinneswahrnehmung), das fünfte schließlich die letzte Ursache und die göttliche Vorsehung.[21] Im Zusammenhang mit der Kugelgestalt der Erde erwähnt Symeon Seth eine Sonnenfinsternis, die man entweder mit der am 23. Februar 1058 oder der am 15. Februar 1059 gleichsetzen kann.[22] Ebenfalls mit astronomischen Fragen befasst ist eine kurze Schrift Περὶ χρείας τῶν οὐρανίων σωμάτων (*Über den Nutzen der Himmelskörper*), die Symeon Seth zugeschrieben ist.[23]

Zu diesem Interesse passt, was Anna Komnene, die Tochter von Kaiser Alexios I., in ihrem Geschichtswerk über die politische und militärische Geschichte des Byzantinischen Reiches von den ersten militärischen Erfolgen ihres Vaters unter Michael VII. bis zu seinem Tod beschreibt. Symeon sei – so Anna Komnene (*Alexias* 6,7,1 und 4) – ein *mathematikos* aus Antiocheia gewesen, der anhand astrologischer Kenntnisse den Tod des Robert Guiscard 1085 auf den Tag genau korrekt vorhergesagt habe.[24]

Alexios I. wird auch im Titel des im vorliegenden Band präsentierten Werks Τὰ κατὰ Στεφανίτην καὶ Ἰχνηλάτην (*Stephanites und Ichnelates*) genannt: Auf Geheiß (προστάξει) eben dieses Kaisers sei dieses Werk eines indischen Philosophen ins Griechische übersetzt worden. Auch diese Arbeit wurde – wie die Ernährungskunde – häufig kopiert und dabei erweitert (s. u. S. 17).

Später scheint Symeon Seth zumindest zeitweise in Ungnade gefallen zu sein und in Rhaidestos (Bisanthe, heute Tekirdağ) am Marmarameer gewohnt zu haben. Jedenfalls erwähnt das *Typikon* des dortigen Pantokrator-Klosters von 1136 ein »Haus des Seth«.[25]

---

21 Edition: Delatte 1939.
22 Siehe den Text bei Delatte 1939, 53 Zeile 9–13.
23 Edition: Delatte 1939; dazu Magdalino 2002, 46.
24 Vgl. Reinsch 2001, 207–209 und siehe Magdalino 2003, 19–21.
25 Siehe den Text bei Gautier 1974, 114–115.

Keines der Werke und auch sonst kein Zeugnis legen übrigens nahe, dass Symeon Seth selbst Arzt war, wie dies oft zu lesen und auch in Lexika eingegangen ist.[26] Auch die oft wiederholte Angabe, Symeon Seth sei Jude gewesen, findet in den erhaltenen Belegen keinen Anhalt.[27]

Symeon Seth war also ein aus Antiocheia stammender Gelehrter des späteren 11. Jahrhunderts, der am byzantinischen Hof unter Michael VII. und Alexios I. eine eher bescheidene Karriere machte und wegen seiner astronomischen (und damit auch astrologischen) Kenntnisse geschätzt wurde, dann aber zumindest zeitweise in Ungnade fiel. Später aber war Symeon Seth vor allem durch zwei Schriften bekannt, die häufig abgeschrieben und erweitert wurden: seine Ernährungskunde und sein Fabelbuch.

Zu dieser Ausgabe

Wie beim *A und O vom Essen und Trinken* des Symeon Seth sind auch bei seinem Fabelbuch in den zahlreichen Handschriften mehrere Versionen überliefert. Die ältere Forschung meinte, dass die umfangreicheren Fassungen älter seien und man sie erst später gekürzt habe;[28] Lars-Olof Sjöberg hat hingegen plausibel gemacht, dass die ausführlicheren Fassungen jünger sind und zeigen, wie in der Tradition das Material erweitert wurde.[29]

Die vorliegende zweisprachige Ausgabe präsentiert nicht mehr als Vorarbeiten, die ein Berufenerer (s. o. S. 9) fortführen mag. Sie bietet den von Lars-Olof Sjöberg 1962 erstellten griechischen Lesetext der älteren (kürzeren) Fassung; die

26 So etwa Brunet 1939 und noch Hohlweg 1982, 723.
27 So etwa Jacobs 1896, xxv; Rappoport 1937, 124; dagegen richtig Singerman 2002, 69.
28 So zuletzt laut Niehoff-Panagiotidis 2003, 38 die unpublizierte Dissertation von Papademitriou 1960.
29 Sjöberg 1962; diese Auffassung hat sich durchgesetzt.

Angaben zu den Abschnitten folgen dabei der Edition von Vittorio Puntoni 1889, weshalb zwar einzelne Nummern zu fehlen scheinen, aber ein steter Vergleich zu späteren (umfangreicheren) Fassungen möglich wird.[30] Die einzige bisher vorliegende Übersetzung publizierte 1778 Christian Balthasar Lehmus (1749–1814). Dessen Vater war der als Dichter zahlreicher geistlicher Lieder bekannte Johann Adam Lehmus (1707–1788);[31] die Familie hatte 16 Kinder, von denen sieben die Kindheit überlebten, darunter Christian Balthasar Lehmus. Dieser wurde Rektor des Archigymnasiums in Soest;[32] sein Sohn Daniel Christian Ludolph Lehmus (1780–1863) sollte Mathematiker werden und ist noch heute für den nach ihm benannten *Satz von Steiner-Lehmus* bekannt.[33] Lehmus nutzte die damals einzig verfügbare, auf einer Humanistenabschrift einer jüngeren Fassung des Texts beruhende Ausgabe von Sebastian Gottfried Star(c)ke erweiterten Textbestand (s. o. S. 13) und übersetzte bewusst sehr frei,[34] ermöglicht daher also kaum eine Erschließung des heute maßgeblichen Textbestandes. In der vorliegenden Neuübersetzung stehen die Abschnittzählung, Belege und Erläuterungen des Übersetzers in (nur dafür genutzten) runden Klammern.

Die griechische Version des *Kalīla wa-Dimna*, also *Stephanites kai Ichnelates*, durch Symeon Seth ist Gegenstand des vorliegenden Bandes. Er beabsichtigt nicht, die eingangs zitierte »Monopolstellung Äsops« zu brechen, sondern will ein lange einflussreiches Werk neu zugänglich machen.

---

30 Puntoni 1889; Sjöberg 1962.

31 Siehe Koch 1868, 412–418.

32 Lehmus 1778; zur Schule siehe Götz 2009.

33 »Sind in einem Dreieck zwei Winkelhalbierende gleich lang, so ist es gleichschenklig.« Den ersten Beweis des Satzes bot Jakob Steiner (1796–1863); s. Barbara 2007.

34 Lehmus 1778, XVI: »So viel Zwang habe ich mir nicht angethan.«

ΤΑ ΚΑΤΑ ΣΤΕΦΑΝΙΤΗΝ ΚΑΙ ΙΧΝΗΛΑΤΗΝ

STEPHANITES UND ICHNELATES

Συγγραφὴ περὶ τῶν κατὰ τὸν βίον πραγμάτων· ἐκτεθεῖσα διὰ μυθικῶν παραδειγμάτων ἁρμοζόντων ἑκάστῃ ὑποθέσει· ὑπό τινος τῶν ἐν Ἰνδίᾳ φιλοσόφων· προτροπῇ τοῦ ἐν αὐτῇ βασιλεύοντος· γραφεῖσα μὲν τῇ πατρικῇ διαλέκτῳ καὶ τοῖς γράμμασιν· ἐξελληνισθεῖσα δὲ ἐν Κωνσταντινουπόλει προστάξει τοῦ ἀοιδίμου βασιλέως κυροῦ Ἀλεξίου τοῦ Κομνηνοῦ.

1.

(1) Ὁ τῶν Ἰνδῶν βασιλεὺς Ἀβεσαλὼμ ἤρετό τινα τῶν περὶ αὐτὸν φιλοσόφων λέγων· βούλομαί σε παραδειγματίσαι μοι, ὅπως ὁ δόλιος ἀνὴρ καὶ πονηρὸς μεσολαβῶν εἰς ἔχθραν μεταβάλλει τὴν μεταξύ τινων συστᾶσαν φιλίαν.

ὁ δὲ ὑπολαβὼν εἶπε· (2) λέγεταί ποτε, ὡς ἔμπορός τις πολύολβος ὢν καὶ *βίου ἐπηετανοῦ* κατὰ τὴν ποίησιν εὐπορῶν καὶ παῖδας ἔχων νωχελεῖς, μὴ βουλομένους ἄσκησίν τινα τέχνης μεταχειρίσασθαι, παραινετικοῖς τοιοῖσδε πρὸς αὐτοὺς ἐχρήσατο ῥήμασιν·

ὦ τέκνα, λέγων, ὁ ἐν τῷ βίῳ ἀναστρεφόμενος τριῶν δεῖται πραγμάτων· αὐτάρκους περιουσίας, δόξης παρὰ ἀνθρώπων καὶ ἐπιτυχίας τῶν ἀποταμιευομένων ἐκεῖσε τοῖς δικαίοις ἀγαθῶν. ταῦτα δὲ τὰ τρία οὐκ ἄλλως ἐπιγίνεταί τινι, εἰ μὴ διὰ τῶνδε τῶν τεσσάρων· τοῦ κτᾶσθαι τὸν πλοῦτον ἐκ πόρου δικαίου καὶ εὐλόγου, τοῦ τὰ ἐπικτηθέντα καλῶς οἰκονομεῖν καὶ διεξάγειν, τοῦ μεταδιδόναι τῶν ἐπικτηθέντων τοῖς δεομένοις, ὅπερ λυσιτελεῖ ἐν τῇ μελλούσῃ βιοτῇ, καὶ τοῦ ἐκκλίνειν τὰ συμβαίνοντα συμπτώματα ὅσον τὸ κατὰ δύναμιν. εἴ τις οὖν ἕν τι τῶν τεσσάρων τούτων παραδράμῃ, οὐδὲν ἀνύσει. εἰ μὴ γὰρ πλούτου εὐπορήσει, οὐκ ἂν δυνηθῇ

Eine Schrift über die Dinge im Leben, dargelegt durch mythische Beispiele, die zur jeweiligen Hypothese passen, von einem der Philosophen in Indien zur Erbauung des dortigen Königs, geschrieben in dem dort heimischen Dialekt und den Buchstaben, ins Griechische gebracht in Konstantinopel auf Geheiß des berühmten Königs, des Herrn Alexios Komnenos.

1.

(1) Der König der Inder, Absalom, fragte einst einen der Philosophen um ihn herum: Ich will, dass du mir an Beispielen darlegst, wie ein listiger und boshafter Mann die zwischen zwei Personen bestehende Freundschaft in eine Feindschaft verwandelt.

Der Philosoph sagte darauf: (2) Man erzählt manchmal: Ein Kaufmann, der alles im Überfluss hatte und der das ganze Jahr hindurch besaß, was man – wie es in der Dichtung (Pindar, *Nemeische Ode* 6,16–17) heißt – im Leben nötig hat, der aber faule Kinder hatte, die keine Ausübung einer Kunst versuchen wollten, sprach mit folgenden mahnenden Worten zu ihnen:

O Kinder, wer im Leben steht, braucht drei Dinge: hinlängliches Vermögen, einen guten Ruf bei den Menschen und Glück bei den Gütern, die für die Gerechten dort oben aufbewahrt sind. Diese drei Dinge aber werden nicht anders zuteil als durch diese vier Dinge: Reichtum zu besitzen aus gerechter und redlicher Einnahme, die Besitztümer gut zu verwalten und einzusetzen, von den Besitztümern den Bedürftigen etwas abzugeben, was im künftigen Leben nützen wird, und zustoßenden Unfällen auszuweichen, soweit das in den Kräften steht. Wenn jemand eins von diesen vier Dingen übertritt, hat er nichts zustande gebracht: Ist er nicht vermögend an Reich-

περὶ τὸν βίον ἀναστραφῆναι οὔτε τινὰς εὐεργετῆσαι. εἰ δὲ πλούσιος μέν ἐστιν, οὐδὲν δὲ τὸν βίον καλῶς οἰκονομεῖ, τάχιστα ἂν συναρίθμιος τοῖς πένησι γενήσεται. εἰ γὰρ καὶ τὰς δαπάνας ἐλαχίστας ποιεῖται κατὰ μικρὸν μὴ ἐπιγινομένης τινὸς προσθήκης τούτῳ, ἔστιν ὅτε καὶ ὁ σύμπας πλοῦτος ἀναλωθήσεται, καθάπερ τὸ στίμμι, ὅπερ κατὰ μικρὸν ὡς χνοῦς μεταδιδόμενον δαπανᾶται. εἰ δὲ πλοῦτος ἐπικτηθῇ καὶ τῆς εἰσφορᾶς γένηται ἐπιμέλεια, οὐ μὴν δὲ ἐκ τούτου μεταδοθῇ τι, ἔνθα καὶ δεῖ, πένης ὁ τοῦτον ἔχων τῷ ὄντι λογίζεται καὶ αἴτιος ἴσως τούτῳ ἔσται παντελοῦς ἀπωλείας. καθάπερ καὶ οἱ σωλῆνες διαρρήγνυνται, ὅτε τὸ ἐν αὐτοῖς ὕδωρ προστιθέμενον μὴ πόρον ἀπορροίας ἐφευρίσκῃ.

τούτων ἀκούσαντες οἱ παῖδες τῶν παραινέσεων ἐπείσθησαν τῇ τοῦ πατρὸς συμβουλῇ.

(3a) καὶ ὁ πρῶτος αὐτῶν πρὸς ἐμπορίαν ἐστάλη. ἐπήγετο δὲ μεθ᾽ ἑαυτοῦ ἅμαξαν ὑπὸ δύο ταύρων ἑλκομένην. καὶ συνέβη κατὰ τὴν ὁδὸν βάλτῳ θάτερον τῶν ταύρων συμπιεσθῆναι, ἐφ᾽ ὃν ὁρμηθεὶς ὁ ἔμπορος ἅμα τοῖς ὑπ᾽ αὐτὸν ἀνήγαγον αὐτὸν τοῦ πηλοῦ, καὶ δι᾽ ἣν ὑπέστη βίαν, ἑλκόμενός τε καὶ ἀνθέλκων ἀτονήσας κατελείφθη περαιτέρω μὴ δυνάμενος προχωρεῖν.

(5) καὶ παντελεῖ συσχεθεὶς ἀπορίᾳ καὶ ἠρέμα βαδίσας πεδίον εὗρε χλοηφόρον καὶ ὑδατῶδες, ἐν ᾧ καὶ ἔμεινε διαιτώμενος. οὐ πολὺ τὸ ἐν μέσῳ καὶ πάνυ ἐπαχύνθη καὶ ἐλιπάνθη, καὶ ἤρξατο τοῖς κέρασι τὴν γῆν κατορύσσειν καὶ μέγα μυκᾶσθαι.

tum, kann er weder selbst sein Leben gut führen noch anderen Wohltaten erweisen. Wenn er zwar reich ist, sein Leben aber nicht gut verwaltet, wird er rasch zu den Armen gezählt werden; wenn er auch noch so wenig Aufwendungen macht, aber nicht noch etwas dazu verdient, dann kommt es dazu, dass der ganze Reichtum wie *Stimmi* (Pulver zum Schwarzfärben der Augenpartie) verbraucht wird, das binnen kurzem wie Staub wird und verschwindet. Wenn er Reichtum hat und sich um dessen Vermehrung kümmert, aber davon nichts abgibt, wo es nötig ist, dann wird er, der er diesen hat, in Wirklichkeit als arm angesehen werden und ist vielleicht selbst die Ursache dafür, dass ihm der völlige Untergang zukommt, wie Rohre bersten können, wenn das Wasser, das in ihnen steht, keinen Weg für den Abfluss findet.

Als die Kinder diese ermahnenden Worte hörten, gehorchten sie dem Rat des Vaters.

(3a) Der erste (weitere werden nicht erwähnt) machte sich auf eine Fahrt als Kaufmann. Er nahm einen Wagen mit sich, der von zwei Stieren gezogen wurde. Und es geschah auf dem Weg, dass der eine Stier in einen Morast sank. Zum ihm machte sich der Kaufmann auf und zog ihn zusammen mit den ihm Unterstellten aus dem Sumpf, aber durch diese gewaltige Anstrengung sank der Stier dahin. Hin und her gezogen und ziehend war er schlaff geworden, fiel nieder und konnte nicht mehr weiter gehen.

(5) Völlig von der Verzweiflung erschöpft und einsam laufend fand er eine kräuterreiche und gut bewässerte Wiese, in der er blieb und sich satt aß. Nach nicht viel Zwischenzeit wurde er wieder dick und fett und begann, mit den Hörnern die Erde zu durchwühlen und laut zu brüllen.

(6) διῆγε δὲ πλησίον αὐτοῦ βασιλεύς τις τῶν λεόντων. παρῴκουν δὲ τούτῳ γένη ζῴων διάφορα· λέοντες καὶ ἄρκοι καὶ λυκοπάνθηροι καὶ ἀλώπεκες καὶ ἕτερα εἴδη. ὁ δὲ λέων ἐπηρμένος ἦν καὶ οἰηματίας καὶ ἐλλιπὴς τὴν φρόνησιν. καὶ ἀκούσας τῶν τοῦ ταύρου μυκηθμῶν ἀνήκοος τοιούτου ἤχου ὢν ἐδειλίασε σφόδρα, καὶ οὐκ ἠθέλησε τὴν δειλίαν αὐτοῦ τοὺς ὑπ' αὐτὸν φωρᾶσαι. καὶ διὰ τοῦτο ἔστη ἐφ' ἑνὸς τόπου ἀμετάβατος.

(7) παρῆσαν δ' ἐκεῖσε σὺν τοῖς ὑπ' αὐτὸν θῶες δύο, ὁ μὲν Στεφανίτης, ὁ δὲ Ἰχνηλάτης καλούμενοι, ἀμφότεροι δὲ ποικίλοι καὶ ἀγχινούστατοι, πλὴν ὁ Ἰχνηλάτης πονηρός τις ἦν καὶ πλεῖον ἐφιέμενος τῆς τῶν πραγμάτων καταλήψεως.

ὃς δὴ καὶ εἶπε τῷ Στεφανίτῃ· τί δῆτα, ἑταῖρε, ὁρῶμεν τὸν λέοντα ἀμετακίνητον καὶ κατὰ τὸ εἰωθὸς μὴ καταδυναστεύοντα;

ὁ δὲ Στεφανίτης ὑπολαβὼν εἶπε· τί σοι κοινὸν καὶ ταῖς τοιαύταις ἀνοικείοις ἐρωτήσεσιν; οὐδὲν γὰρ ἡμῖν πρόσεστιν ἀνιαρόν, ἀλλὰ τῇ πύλῃ προσκαρτεροῦμεν τοῦ ἡμετέρου βασιλέως τὴν ἐφήμερον ἑκάστοτε τροφὴν ποριζόμενοι· ἀλλ' οὐδὲ οἷοί ἐσμεν περὶ βασιλέων διαλέγεσθαι καὶ τὰ τούτων περισκοπεῖν. παῦσαι τῶν τοιούτων καὶ ἴσθι, ὡς ὁ χρώμενος ἀνοικείοις λόγοις αὐτῷ καὶ ἔργοις πείσεται τὰ τοῦ πίθηκος.

(8) λέγεται γάρ, ὡς πίθηξ τις ἰδὼν τέκτονα ξύλα σχίζοντα πάλοις δυσί, τῷ τὸν ἕνα ἀφαιρεῖν καὶ πηγνύναι τὸν ἕτερον καὶ τοῦτον παρομοιώσας ἐφίππῳ ἀνδρί, ὡς διά τινα χρείαν ὁ τέκτων ἀπεδήμησεν, αὐτὸς τοῦ ξύλου ἐπιβὰς ἐπεχείρει ποιεῖν ἐκείνῳ τὰ ὅμοια. καὶ τῶν ὄρχεων αὐτοῦ τῷ τοῦ ξύλου ῥήγματι συμπιεσθέντων ἐλιποθύμησε καὶ τοῦ τέκτονος καταλαβόντος ἐτιμωρήθη τὰ μέγιστα.

(6) Es lebte in der Nähe davon ein König der Löwen. Bei ihm wohnten verschiedene Tierarten: Löwen, Bären, Schakale, Füchse und andere Arten. Der Löwe war überheblich, eingebildet und von mangelnder Geistesstärke. Als er das Brüllen des Stiers hörte, der er so einen Laut noch nie gehört hatte, fürchtete er sich sehr. Er wollte aber nicht, dass seine Untertanen seine Feigheit erkennen. Deshalb blieb er unbeweglich an einem Ort stehen.

(7) Es waren dort bei denen, die ihm untertan waren, zwei Schakale; der eine hieß Stephanites, der andere Ichnelates. Beide waren gesprenkelt und sehr scharfsinnig, Ichnelates aber war boshaft und darauf bedacht, mehr als das ihm Zustehende zu erlangen.

Dieser also sagte zum Stephanites: Was nun, Gefährte, wir können den Löwen unbeweglich und entgegen dem Gewohnten nicht als Herrscher wirkend sehen?

Der Stephanites sagte darauf: Was hast du gemein mit diesen unpassenden Fragen? Nichts Beschwerliches gibt es für uns, sondern wir halten uns vor den Türen unseres Königs auf und bekommen so unsere tägliche Nahrung. Wir sind doch nicht diejenigen, die über Könige reden und deren Angelegenheiten beobachten. Höre also mit so etwas auf und wisse, wie derjenige, der unpassende Worte und Taten verwendet, das Schicksal des Affen haben wird.

(8) Man erzählt nämlich: Ein Affe sah einen Zimmermann, der Holz mit zwei Keilen spaltete, von denen er den einen herausnahm, den anderen eintrieb; er glich dabei einem Reiter auf einem Pferd. Als der Zimmermann sich wegen einer bestimmten Notwendigkeit entfernte, stieg der Affe selbst auf das Holz und wollte es so wie jener machen. Als aber seine Hoden in den Spalt des Holzes gerieten, wurde er ohnmächtig, und als der Zimmermann ihn so antraf, wurde er mit dem Tod bestraft.

(9) ὁ δὲ Ἰχνηλάτης ὑπολαβὼν εἶπεν· ἔγνων, ἅπερ προέτεινας, ἀλλ' ἴσθι, ὡς πᾶς ὁ προσεγγίζων βασιλεῦσιν οὐ διὰ βίου σπατάλην πρόεισιν, ἀλλ' ἔστιν ὅτε δόξης ἐφιέμενος εὐφραινούσης μὲν τοὺς οἰκείους φίλους, ἀνιώσης δὲ τοὺς ἐχθρούς. χθαμαλῶν γὰρ ἀνδρῶν καὶ χαμερπῶν τὸ στέργειν τοῖς τυχοῦσι καὶ τούτοις ἀρκεῖσθαι, ἐπεὶ καὶ ὁ κύων ὀστοῦν εὑρίσκων πολλάκις ξηρότατον ἐφήδεται τούτῳ. ὁ δέ γε ὑψίνους ἀνὴρ οὐ μέχρι τῶν μηδαμινῶν καὶ εὐτελῶν ἵσταται, ἀλλὰ τὰ ἄνω ἐπιζητεῖ καὶ τὰ ἄξια τούτῳ καταδιώκει, καθάπερ ὁ λέων ὁ τὸν λαγωὸν κατέχων, ἐπειδὰν ἴδῃ τὴν κάμηλον, ἐκεῖνον ἀφεὶς κατατρέχει αὐτῆς. ἢ οὐκ οἶσθα τὸν κύνα τῷ οὐραίῳ σαίνοντα, ἄχρις ὅτου τὸ τρύφος ἀπολάβῃ τοῦ ἄρτου, τὸν δὲ μέγαν ἐλέφαντα προσφερομένης τῆς τροφῆς ἀπαναινόμενον καὶ μόλις τῷ κολακεύεσθαι ταύτην ἐσθίοντα; καὶ γὰρ ὁ μεγαλόθυμος ἀνὴρ καὶ μεγαλεπίβολος καὶ εὐμετάδοτος εἰ καὶ μὴ ἐπὶ μακρὸν χρόνον τὸν βίον διάξει, ἀλλὰ μακροβιώτατος οὗτος λογίζεται. ὁ δὲ βίου στενότητι καὶ ταλαιπωρίᾳ συζῶν καὶ μήτε ἑαυτὸν μήθ' ἑτέρους ὠφελῶν βραχύβιος οὗτός ἐστι, κἂν εἰς μακρὸν καταντήσῃ καὶ διάξῃ γῆρας.

ὁ δὲ Στεφανίτης ἔφη· ἔγνων, ἃ λέγεις, ἀλλὰ διαλόγισαι, ὡς ἕκαστος ἴδιον μέτρον ἔχει, καὶ ὅτε ἐστί τις παρὰ τοῖς ὁμοτίμοις ἔντιμος, δεῖ τοῦτον ἀρκεῖσθαι τῷ οἰκείῳ βαθμῷ. τοιοῦτοι οὖν ἐσμεν καὶ ἡμεῖς. οὐκοῦν ἀσπαστέον τὸ μέτρον τὸ καθ' ἡμᾶς;

ὁ δὲ Ἰχνηλάτης εἶπε· κοιναὶ πᾶσαι αἱ τοῦ βίου ἀξίαι. καὶ ὁ μεγαλόνους ἀνὴρ ἀεὶ ποιεῖται τὴν ἄνοδον, ὁ δὲ χαμερπὴς ἀεὶ κάτεισι. δυσχερὲς γὰρ τὸ κάτωθεν ἄνω μεταπηδᾶν, εὐχερὲς δὲ τὸ ἀπὸ τῶν ἄνω κατιέναι ἐπὶ τὰ χθαμαλώτερα, ὥσπερ ὁ λίθος δυσχερῶς μὲν ἄνω αἴρεται, ῥᾳδίως δὲ κάτω φέρεται.

(9) Der Ichnelates sagte darauf: Ich habe verstanden, was du vorgetragen hast, aber wisse, dass jeder, der sich den Königen nähert, nicht das Leben lang in Schwelgerei ist, sondern manchmal den eigenen Freunden wohlwollenden Ruf verleiht, den Feinden einen üblen. Die Zuneigung von niederträchtigen und kriecherischen Männern genügt denen, die dies erreichen können, da auch der Hund, der einen Knochen findet, sich oft auch über einen ganz trockenen freut. Der erhabene Mann aber bleibt nicht bei nichtigen und simplen Dingen stehen, sondern strebt empor und verfolgt das ihm Würdige, wie der Löwe, der den Hasen festhält, dann, wenn er das Kamel sieht, jenen laufen lässt und diesem nachjagt. Oder weißt du nicht, dass der Hund mit dem Schwanz wedelt, bis er den Brocken Brot erhält, der große Elefant aber die herbeigebrachte Speise verweigert und sie kaum frisst, selbst wenn sie ihm eingeschmeichelt wird? Der großmütige Mann aber trachtet nach Großem und ist freigiebig, und wenn er auch sein Leben nicht lange Zeit leben sollte, wird er für äußerst langlebig gehalten. Wer aber des Lebens Enge und Mühsal durchlebt und weder sich noch anderen nützt, der ist kurzlebig, auch wenn er lange hingekommen ist und das Greisenalter erreicht.

Der Stephanites sagte: Ich habe verstanden, was du sagst, aber überlege, wie jeder sein eigenes Maß hat: Wer von seinesgleichen geehrt wird, dem muss der eigene Rang genügen. Von der Art sind nun auch wir. Wollen wir also nicht das uns zugemessene Maß begrüßen?

Der Ichnelates sagte: Gemeinsam sind alle Würden des Lebens. Und der großmütige Mann macht immer einen Aufstieg, der kriecherische steigt ab. Schwierig ist es nämlich, von unten nach oben zu springen, einfach, von oben in die tiefste Tiefe hinabzugehen, wie der Stein nur schwer aufgehoben wird, leicht aber nach unten fällt.

δεῖ οὖν καὶ ἡμᾶς τὰ ἄνω ἐπιζητεῖν ὅσον τὸ κατὰ δύναμιν καὶ μὴ στέργειν τὸ οἰκεῖον μέτρον ἐξὸν μεταβαίνειν εἰς ἕτερον. καὶ βούλομαι τὴν τοῦ λέοντος ἄρτι περίστασιν πρόφασιν λαβεῖν τῆς πρὸς αὐτὸν ὁμιλίας καὶ οἰκειώσεως. ὁρῶ γὰρ αὐτὸν ἀσυλλόγιστον καὶ πάντῃ ἠπορημένον ἅμα τοῖς ὑπ' αὐτὸν στρατιώταις καὶ ἴσως τύχω παρ' αὐτοῦ ἀξίας τινός.

ὁ δὲ Στεφανίτης εἶπε· καὶ πόθεν σοι δῆλον, ὡς ὁ λέων ἠπόρηται;

ὁ δέ φησιν· οἶδα τούτου τὸν λογισμόν. ὁ γὰρ ἐχέφρων ἀνὴρ δύναται γνῶναι τὰ τοῦ πλησίον διανοήματα στοχαζόμενος τοῦτον ἔκ τε τοῦ σχήματος καὶ τῆς διαθέσεως.

ὁ δὲ Στεφανίτης· καὶ πῶς, εἶπεν, ἐλπίζεις χάριν εὑρεῖν παρὰ τῷ λέοντι, μήποτε βασιλεῦσιν ὑπηρετήσας μηδ' ἐπιστήμην ἔχων τῆς αὐτῶν παιδείας καὶ ὁμιλίας;

ὁ δὲ ἀπεκρίνατο· ὁ ἐχέφρων ἀνὴρ οἶδεν ἀναστρέφεσθαι καὶ ἐν οἷς ἀπειρίαν ἔχει. ὁ δὲ μὴ τοιοῦτος καὶ περὶ τὴν ἰδίαν τέχνην σφάλλεται.

ὁ δὲ Στεφανίτης εἶπεν· ὁ ἐξουσιαστὴς οὐκ εἴωθεν προσλαμβάνεσθαι τὸν κρείττονα τῶν παρ' αὐτῷ, ἀλλὰ τὸν τῶν λοιπῶν πλησιέστερον παρωμοιωμένος τῇ ἀμπέλῳ. αὕτη γὰρ οὐ τοῖς κρείττοσι τῶν δένδρων ἀλλὰ τοῖς πλησιεστέροις περιπλέκεται. πῶς οὖν δυνήσῃ οἰκειοῦσθαι τῷ λέοντι τούτου ἀπῳκισμένος;

ὁ δὲ Ἰχνηλάτης ἔφη· ἔγνων, ὅσα λέγεις, καὶ ἀληθῆ εἰσιν· ἀλλ' οἶδα τοὺς οἰκειοτέρους ἡμῶν μὴ ὄντας πρότερον τοιούτους ἀλλ' ἀναχθέντας τῶν κάτω. βούλομαι οὖν κἀγὼ τοιούτοις ἐπιχειρῆσαι. λέγεται γάρ, ὡς πᾶς ὁ προσανέχων τῇ βασιλικῇ πύλῃ καὶ τὴν ὑπερηφανίαν ἀπορρίψας, τὸν δὲ

Auch wir müssen also aufwärtsstreben, soweit unsere Kraft reicht, und nicht mit dem eigenen Maß zufrieden sein, sondern in ein anderes aufsteigen. Und ich will das Herumstehen des Löwen zum Vorwand für ein Gespräch und eine Bekanntschaft mit ihm nehmen. Ich sehe nämlich, dass er unschlüssig ist und zugleich auch ganz an den ihm unterstehenden Soldaten verzweifelt; vielleicht erreiche ich ja bei ihm etwas Würdiges.

Der Stephanites sagte: Woher ist dir denn offenkundig, dass der König verzweifelt ist?

Der sagte: Ich kenne seine Überlegungen. Der vernünftige Mann kann nämlich, indem er die Gedanken des nächsten errät, diesen aus seiner Gestalt und seiner Verfassung erkennen.

Der Stephanites sagte: Wie hoffst du, Gnade beim Löwen zu finden, der du noch nie Königen gedient hast und keine Erfahrung mit deren Erziehung und Umgang hast?

Der aber antwortete: Der vernünftige Mann weiß auch das zu betreiben, worin er keine Erfahrung hat. Wer nicht von dieser Art ist, wird sich auch in der eigenen Kunst täuschen.

Der Stephanites sagte: Der Machthaber ist nicht gewöhnt, den Stärkeren von denen zu nehmen, die um ihn sind, sondern den nächsten aus den übrigen. Er gleicht damit dem Weinstock. Auch der wird nicht mit stärkeren Bäumen verbunden, sondern mit den ihm nächsten Stöcken. Wie wirst du dem Löwen vertraut werden können, der du ihm doch fernstehst?

Der Ichnelates sagte: Ich habe verstanden, was du sagst, und es ist wahr. Aber ich weiß, dass die uns Vertrautesten nicht schon früher von dieser Art waren, sondern von unten heraufgebracht worden sind. Ich will es auch wie diese selbst anpacken. Man erzählt nämlich, dass jeder, der sich dem königlichen Tor

θυμὸν δυναμώσας καὶ τὴν βλάβην ὑπομένων καὶ τοῖς πᾶσιν ὑπείκων οἰκειοῦται τάχιστα τῷ βασιλεῖ.

ὁ δὲ Στεφανίτης εἶπεν· καὶ ὑπόθου νῦν, ὅτι προσήγγισας τῷ λέοντι, πῶς οὖν δυνήσῃ χάριν εὑρεῖν παρ᾽ αὐτῷ;

ὁ δὲ Ἰχνηλάτης εἶπεν· ὅτε προσεγγίσω αὐτῷ καὶ διαγνώσομαι τὴν τῶν ἠθῶν αὐτοῦ καὶ τὴν τῆς γνώμης ῥοπήν, ἕψομαι ταύτῃ· καὶ βουλόμενον μέν τινι ἐπιχειρῆσαι τῶν λυσιτελῶν διεγείρω μᾶλλον αὐτὸν πρὸς τὴν πρᾶξιν αὐτοῦ καὶ παρασκευάσω τοῦτον πλεῖον τῷ τελεσιουργήματι ἐπιτέρπεσθαι. μεταχειριζομένῳ δέ τι τῶν ἀσυμφόρων ἀποκαλύψω αὐτῷ τὴν ἐκ τοῦ τοιούτου ἔργου βλάβην καὶ τὸ ἐν τῇ καταλείψει αὐτοῦ λυσιτελές.

καὶ τοῦτο εὐμεθόδως καὶ κολακευτικῶς ἐργάσομαι. καὶ οἶμαι, ὡς τοιουτοτρόπως με ὁ λέων διαγνώσεται καὶ τῶν ἄλλων προκρινεῖ. ὁ γὰρ συνετὸς ἀνὴρ δύναται τὸ ἀληθὲς ἀκυρῶσαι καὶ τὸ ψεῦδος συστῆσαι, ὥσπερ καὶ ὁ ἄριστος γραφεὺς παραχαράττειν ἰσχύει τὴν ἀλήθειαν σχηματίζων ἐξελεύσεις τινῶν καὶ εἰσελεύσεις ἐν ἐπιπέδῳ.

ὁ δὲ Στεφανίτης εἶπεν· εἰ ταῦτα βούλει, δεῖ σε παραφυλάττειν τὴν ἐκ τοῦ βασιλέως οἰκειότητα. λέγεται γάρ, ὡς οὐδεὶς ἐχέφρων τῶνδε τῶν τριῶν κατατολμᾷ, ἀλλ᾽ οὐδὲ ῥᾳδίως ἐξ αὐτῶν σῴζεται· λέγω δὴ τῆς πρὸς τοὺς βασιλεῖς ἐγγύτητος καὶ τῆς τοῦ δηλητηρίου διὰ πεῖραν μεταλήψεως καὶ τοῦ ταῖς γυναιξὶ πιστεύειν μυστήρια. παρείκασται γὰρ ὁ βασιλεὺς ὄρει κρημνώδει καὶ δυσβάτῳ λίαν παντοίαις ὀπώραις καὶ πόαις κομῶντι καὶ θηρίων καὶ λεόντων πλήρει, ἐφ᾽ ᾧ καὶ ἡ ἀνέλευσις δυσχερὴς καὶ ἡ διαμονὴ ἐπισφαλής.

nähert und seinen Stolz abwirft, seinen Zorn zähmt, Schaden aushält und überall nachgibt, sehr schnell mit dem König vertraut wird.

Der Stephanites sagte: Gesetzt also, du findest Zugang zum Löwen, wie wirst du Gnade bei ihm finden können?

Der Ichnelates sagte: Wenn ich Zugang zu ihm habe, werde ich die Neigung seines Charakters und seiner Meinung erkennen und diesen folgen. Wenn er etwas Nützliches unternehmen will, werde ich ihn zur Durchführung davon ermuntern und ihn noch mehr in die Lage versetzen, sich an der vollbrachten Tat zu erfreuen. Wenn er etwas Unnützes versucht, werde ich ihm den Schaden aus diesem Werk und den Nutzen seiner Unterlassung darlegen.

Dies werde ich auf die beste Weise und schmeichelnd tun. Und ich meine, dass mich auf diese Weise der Löwe anerkennt und den anderen vorzieht. Der verständige Mann nämlich kann das Wahre ungültig machen und die Lüge aufrechterhalten, wie auch der beste Zeichner die Wahrheit verschütten kann, wenn er die Ausgänge der einen und die Ankünfte (der anderen) in der Fläche darstellt (manche also von hinten, andere von vorne zeichnet).

Der Stephanites sagte: Wenn du das willst, musst du dich bei der Vertrautheit mit dem König in Acht nehmen. Man erzählt nämlich, dass kein Vernünftiger diese drei Dinge wagt, sondern nicht leicht aus ihnen gerettet wird; ich spreche von der Nähe zu den Königen, der Einnahme eines Giftstoffs als Versuch und dem Anvertrauen von Geheimnissen an Frauen. Es gleicht nämlich der König einem steilen und schwer zu erklimmenden Berg, der oben mit vielfältigen Früchten und Weiden sprosst und voll von wilden Tieren und Löwen ist; der Aufstieg auf ihn ist schwierig, das Verweilen gefährlich.

ὁ δὲ Ἰχνηλάτης εἶπεν· ἀληθῶς εἶπας, ἀλλ' ὁ μὴ κινδύνων κατατολμῶν οὐ τυγχάνει τῶν ἐφετῶν, καὶ ὁ πρὸς πᾶν πρᾶγμα ἐπτοημένος ἄμοιρος ἁπάντων μένει. λέγεται γάρ, ὡς τὰ τρία ταῦτα οὐδεὶς ὑπεισέρχεται τῶν μικροψύχων· λέγω δὴ τὰς βασιλικὰς ὑπουργίας καὶ τὴν διὰ θαλάττης ἐμπορίαν καὶ τὴν ταχεῖαν πρὸς τὸν ἐχθρὸν συμπλοκήν. δύο γὰρ τόποι ἀφωρίσθησαν τῷ μεγαλόφρονι ἀνδρί, αἵ τε βασίλειαι αὐλαὶ καὶ αἱ ἐν ἐρήμοις παρὰ τοῖς ἀσκηταῖς διατριβαί, ὥσπερ καὶ τῷ ἐλέφαντι ἥ τε ἔρημος καὶ ἡ ἐν τοῖς βασιλείοις διαγωγή.

ὁ δὲ Στεφανίτης εἶπεν· οὐ συναινῶ σοι περὶ τὰ τοιαῦτα, ἀλλ' ἄπελθε καὶ ποίει, ὃ βούλει.

(10) ὁ δὲ Ἰχνηλάτης ἀπελθὼν πρὸς τὸν λέοντα προσεκύνησεν αὐτόν. ὁ δὲ ἐπηρώτησε τοῦτον, ἔνθα διῆγε τὸν τοσοῦτον καιρόν.

ὁ δὲ Ἰχνηλάτης ἔφη· οὐ διαλείπω προσκαρτερῶν τῇ βασιλικῇ πύλῃ ἐλπίζων ἀξιοῦσθαι συνεργίας τινὸς μεταδοῦναι τῷ βασιλεῖ εἰδώς, ὥς τινα τῶν πραγμάτων ἐπιδέονται τῆς τῶν χθαμαλῶν καὶ δειλῶν ἀνδρῶν μεταλήψεως, καὶ ὡς οἱ τῆς κάτω τύχης πολλάκις ἐν μεγίστοις πράγμασι λυσιτελοῦσι. τῷ γὰρ ἐρριμμένῳ καὶ ἐπὶ τῆς γῆς ξύλῳ ἐνίοτε χρώμεθα πρὸς ὠτὸς κνησμονήν.

ὡς οὖν ἤκουσεν ὁ λέων τῶν τοιούτων λόγων, εἶπε πρὸς τοὺς ὑπ' αὐτόν· ὁ εὐσυνείδητος καὶ λόγιος ἀνὴρ ἀγνοεῖται πολλάκις μέχρι τῆς ὁμιλίας, καθάπερ τὸ ὑποκρυπτόμενον πῦρ, ὁπόταν εἰς φῶς ἐξέρχηται, ἀέριον τὴν φλόγα ἐργάζεται.

ὡς οὖν ἔγνω ὁ Ἰχνηλάτης, ὅτι ἀρεστὸς κατεφάνη τῷ λέοντι, εἶπεν· ὦ βασιλεῦ, δεῖ τὴν ποίμνην τοῦ βασιλέως ἀναφέρειν εἰς αὐτὸν ἅπαντα τὰ δέοντα. τηνικαῦτα γὰρ ἀξίαν ἑκάστῳ ἀπονέμει τὴν τιμήν. καθάπερ γὰρ τὰ διάφορα σπέρματα ὑπὸ

Der Ichnelates sagte: Du sprichst wahr, aber wer keine Gefahren wagt, erreicht das Begehrte nicht, und wer bei jeder Sache zittert, wird ohne Anteil an allem bleiben. Man erzählt nämlich, dass es drei Dinge sind, nach denen keine kleine Seele je gestrebt hat. Ich spreche vom Dienst für Könige, von Kaufmannsfahrten zur See und vom raschen Angriff gegen den Feind. Zwei Orte aber werden vom großmütigen Mann in Betracht gezogen: die Königshöfe und das Leben in der Wüste bei den Asketen, wie auch beim Elefanten die Wüste und das Leben an den Königshöfen.

Der Stephanites sagte: Ich stimme dir in diesen Dingen nicht zu, aber gehe fort und tue, was du willst.

(10) Der Ichnelates ging hinein zum Löwen und fiel vor ihm auf die Knie. Der aber fragte ihn, wo er so lange Zeit geblieben sei.

Der Ichnelates sagte: Ich höre nicht auf, am königlichen Tor auszuharren, da ich hoffe, eines Dienstes für den König für würdig befunden zu werden, im Wissen, dass manche der Dinge eine Befassung von niedrigen und feigen Männern brauchen und dass die vom Schicksal nicht Begünstigten oft bei den größten Dingen nützlich sind. Auch ein weggeworfenes Holz, das auf der Erde liegt, nutzen wir manchmal, um unsere Ohren zu reinigen.

Als der Löwe diese Worte gehört hatte, sagte er zu seinen Untergebenen: Der Mann mit gutem Gewissen und Vernunft wird oft bis zur Begegnung verkannt, wie das verborgene Feuer erst, wenn es ans Licht kommt, die Flamme in die Luft wirft.

Als der Ichnelates verstand, dass er dem König gefällig erschienen war, sagte er: O König, die Diener des Königs müssen ihm alles zutragen, was nötig ist. Dann wird er jedem die gebührenden Ehrenstellung zuweisen. So wie ja unterschiedliche Samen,

γῆν κείμενα οὐκ ἐμφαίνεται, οἷά ἐστιν, εἰ μή γε τῆς γῆς ἀναβλαστήσει, οὕτω καὶ ἕκαστος ἐκ τῶν οἰκείων λόγων, ὁποῖός ἐστι, δείκνυται. δεῖ δὲ τὸν βασιλέα μήτε τὸν τῆς κεφαλῆς κόσμον προσάπτειν τοῖς ποσί, μήτε τὸν τῶν ποδῶν τῇ κεφαλῇ. καὶ ὁ τὸν ὑάκινθόν τε καὶ τοὺς τιμίους μαργαρίτας μολύβδῳ συμπλέκων ἑαυτὸν μᾶλλον ἠτίμωσεν ἢ τοὺς μαργαρίτας. δεῖ γὰρ τὸν μὲν ἄρχοντα διακρίνειν τοὺς ὑπ' αὐτόν, τὸν δὲ στρατηγὸν τοὺς στρατιώτας, τὸν δὲ ἀρχιερέα τοὺς λογικοὺς ἄνδρας καὶ σπουδαίους. οὐ γὰρ τῷ πλήθει κατορθοῦσιν οἱ ἡγεμόνες τὰ ἐπιχειρούμενα, ἀλλὰ τῇ ἀρίστῃ ἐπιλογῇ, ἐπεὶ καὶ ὀλίγοι ὑάκινθοι πολλῶν ἑτέρων σωμάτων εὐμεγέθων ὀνησιμώτεροι. καὶ χρὴ τὸν ἡγεμόνα μὴ καταφρονεῖν τινος τῶν ὑπ' αὐτὸν εὐτελῶν. τὸ γὰρ μικρὸν οὐ μικρόν, ὅταν ἐκφέρῃ μέγα. δεῖ δὲ καὶ τὸν ἐξουσιαστὴν μὴ τοὺς κατὰ γένος περιφανεῖς προσάγεσθαι, ἀλλὰ τοὺς ἀξιολόγους καὶ λυσιτελεῖν δυναμένους· μήτε μὴν τοῖς περὶ αὐτὸν μόνοις ἀρκεῖσθαι καὶ τούτοις προσανέχειν, ἀλλὰ καὶ πόρρωθεν τοὺς συνέσει καὶ παιδείᾳ κεκοσμημένους προσκαλεῖσθαι. οὐδὲν γὰρ ἐγγύτερόν τινι παρὰ τὸ ἴδιον σῶμα· ἀλλ' ὅτε νόσος τούτῳ συμβῇ, τὰ πορρωτέρω φάρμακα ὁ νοσῶν ἐπιζητεῖ. καὶ οἱ μῦες πολλάκις βασιλικοῖς οἰκήμασι παρεδρεύουσιν, ἀλλ' οὐ προτιμητέοι τῆς ἐγγύτητος, καὶ ὁ ἱέραξ ἄγριος ὢν διὰ τὴν ἐν αὐτῷ λυσιτέλειαν μετακαλεῖται καὶ προσλαμβάνεται παρὰ βασιλέων καὶ ἐπὶ βραχίονος φέρεται.

τούτων ἀκούσας τῶν ῥημάτων ὁ λέων κατεπλάγη σφόδρα καὶ εἶπε πρὸς τοὺς συνέδρους· οὐ δεῖ τὸν ἐξουσιαστὴν παρορᾶν τοὺς σπουδαίους ἄνδρας, κἂν ὦσι τῆς κάτω τύχης, ἀλλ' ἑκάστῳ τὸ κατ' ἀξίαν ἀπονέμειν, κἂν ἅπαντες ἀπαρέσκωνται.

ἰδὼν οὖν ὁ Ἰχνηλάτης εὐμενῆ τὴν τοῦ λέοντος πρὸς αὐτὸν ῥοπὴν ὡμίλησεν αὐτῷ καταμόνας λέγων· τί τοῦτο, ὦ βασιλεῦ, ὅτι ἐπὶ πολὺν ἤδη καιρὸν ἔμεινας ἀμετακίνητος μὴ μεταβαίνων ἐπὶ τόπον ἕτερον;

die unter der Erde liegen, nicht zeigen, von welcher Art sie sind, wenn sie nicht aus der Erde hervorsprossen, so zeigt auch jeder erst durch seine eigenen Worte, von welcher Art er ist. Der König darf den Kopfschmuck nicht an die Füße legen und den Fußschmuck nicht an den Kopf. Wer den Hyazinth-Stein und die wertvollen Perlen mit Blei einfasst, entehrt damit eher sich selbst als die Perlen. Der Herrscher muss die Untertanen beurteilen, der *Strategos* die Soldaten, der Oberpriester die vernünftigen und eifrigen Männer. Nicht an der Menge richten die Anführer die Unternehmungen aus, sondern an der besten Planung, da auch wenige Hyazinth-Steine viel ersprießlicher sind als viele andere sehr große Brocken. Auch darf der Anführer keinen seiner simplen Untergebenen verachten. Das Kleine ist ja nicht klein, wenn es etwas Großes bewirkt. Es darf auch der Machthaber nicht die von der Abstammung her Berühmten vorziehen, sondern diejenigen, die der Rede wert und zum Nutzen geeignet sind; ebenso wenig darf er sich nur mit denen um ihn herum zufriedengeben und sie jenen vorziehen, sondern muss von weither die an Verstand und Bildung Ausgezeichneten zu sich rufen. Nichts ist einem ja näher als der eigene Körper; aber wenn einen eine Krankheit befällt, sucht der Kranke Heilmittel von weit her. Ja, die Mäuse wohnen oft in den königlichen Gemächern, werden aber nicht wegen ihrer Nähe geehrt; der Falke aber, der draußen ist, wird wegen seines Nutzens darin herbeigerufen und wird ihnen von den Königen vorgezogen und auf dem Arm getragen.

Als der Löwe diese Rede hörte, erschrak er sehr und sagte zu seinen Beratern: Der Machthaber darf nicht die eifrigen Männer übersehen, auch wenn sie nicht vom Glück begünstigt sind, sondern muss jedem das zuweisen, was er verdient, auch wenn das allen missfällt.

Als der Ichnelates die wohlwollende Gesinnung des Königs für ihn sah, sagte er zögerlich zu ihm: Wie kommt es, o König, dass du schon lange Zeit unbeweglich geblieben bist, ohne dich an einen anderen Ort zu begeben?

ἠβουλήθη οὖν ὁ λέων τὴν ἑαυτοῦ δειλίαν ἐπηλυγάσαι, ἀλλ' ἔφθασε τὸ μεταξὺ μυκηθμῶν ἀκοῦσαι τοῦ ταύρου καὶ ἔτι περίδειλος γεγονὼς ἔφη· δέδοικα, μὴ ἀνάλογον τὸ σῶμα τούτου τοῦ ζῴου τῷ ἰδίῳ φωνήματι ᾖ, καὶ ἡ δύναμις ἀναλογοῦσα τῷ σώματι· καὶ εἰ οὕτως ἔχει, φευκτέον ἐνθένδε.

ὁ δὲ Ἰχνηλάτης ὑπολαβὼν εἶπε· μὴ φοβοῦ, ὦ βασιλεῦ, τὰς ὑπερόγκους φωνάς. κεναὶ γὰρ πολλάκις εἰσί.

(11) λέγεται γάρ, ὡς ἀλώπηξ τις πεινῶσα καὶ τροφὴν ἐπιζητοῦσα προστετύχηκεν ἔν τινι ὕλῃ τυμπάνῳ δένδρῳ ἀπῃωρημένῳ καὶ τῷ ὑπὸ τῶν ἀνέμων κινεῖσθαι ἀλαλαγμὸν ποιουμένῳ διὰ τὸ τοῖς κλάδοις προσκρούεσθαι, οὗπερ ἡ ἀλώπηξ ἀκούσασα ἐδειλίασε προσεγγίσαι. εἶτα τῇ πείνῃ καὶ τῇ ὀρέξει ἡττηθεῖσα κατετόλμησε τούτου καὶ πλησιάσασα ᾤετο πολλῆς πιμελῆς καὶ κρέατος ἐντυχεῖν, τῷ μεγέθει τοῦ τυμπάνου τὴν ὄψιν πλανηθεῖσα. καὶ πάντα κάλων κινήσασα διέρρηξεν αὐτὸ καὶ κενὸν ἰδοῦσα ἔφη· βαβαί, πῶς τὰ χείρονα τῶν σωμάτων εὐμεγεθέστερα καὶ μεγαλοφωνότερα.

(12) τοιοῦτον τοίνυν καὶ ἡμεῖς, ὦ βασιλεῦ, πάσχομεν ὑπὸ τῆς τοῦ τοιούτου ζῴου φωνῆς πλανώμενοι. εἰ βούλει οὖν, ἀπελεύσομαι πρὸς αὐτὸ καὶ ἴδω, οἷόν ἐστι, καὶ τάχιον ὑποστρέψω.

καὶ τοῦτο ἀρεστὸν κατεφάνη τῷ λέοντι καὶ ἐξαπέστειλεν αὐτόν.

(13) τοῦ δὲ ἀπελθόντος πολὺς μετάμελος κατέλαβε τὸν λέοντα ἐπὶ τῇ ἀποστολῇ αὐτοῦ καὶ καθ' ἑαυτὸν διελογίζετο· τί παθὼν τῷ Ἰχνηλάτῃ ὅλως προσερρύην; οὐ δεῖ γὰρ πιστεύειν τὸν ἐξουσιαστὴν τῷ ἐπὶ πολὺν καιρὸν ἀναιτίως παρεωραμένῳ ἢ τῷ πλεονέκτῃ καὶ ἀπλήστῳ ἀνδρὶ ἢ τῷ μὴ ἐν καιρῷ περιστάσεως οἰκείως παρ' αὐτοῦ συνεργηθέντι ἢ

Es wollte nun der Löwe seine Feigheit gestehen, aber auf einmal konnte man inzwischen das Brüllen des Stiers hören; er wurde ganz furchtsam und sagte: Ich befürchte, dass der Körper dieses Tieres seiner Stimme entspricht und seine Kraft seinem Körper; wenn dem so ist, müssen wir von hier fliehen.

Der Ichnelates sagte darauf: Fürchte nicht, o König, die übergroßen Laute. Oft nämlich sind sie leer.

(11) Man erzählt nämlich: Eine arme, nach Nahrung suchende Füchsin fand in einen Wald eine Trommel, die an einem Baum hing, von den Winden bewegt wurde und durch die dagegen schlagenden Äste einen Schall machte. Als die Füchsin dies hörte, fürchtete sie sich, näher heranzukommen. Dann aber unterlag sie der Armut und dem Hunger und wagte es; als sie sich näherte, glaubte sie, (in der Trommel) viel Fett und Fleisch zu finden, da die Größe der Trommel den Blick verstellte. Und nachdem sie alles Holz bewegt hatte, zerriss sie die Trommel, sah, dass sie leer war, und sagte: O weh, wie machen die schlechtesten Körper den größten und lautesten Lärm!

(12) So geht es uns heute auch, o König, wir leiden unter der Stimme eines derartigen Tieres und werden verwirrt. Wenn du also willst, werde ich zu dem Tier gehen und sehen, von welcher Art es ist, und rasch zurückkommen.

Dies schien dem Löwen eine gefällige Idee und er schickte ihn los.

(13) Als der fortgegangen war, ergriff den Löwen viel Reue wegen dessen Entsendung und er sagte zu sich selbst: Was ist mir geschehen, dass ich mich dem Ichnelates ganz zugewandt habe? Der Machthaber darf nicht dem vertrauen, der lange Zeit ohne Grund übersehen worden ist, auch nicht einem Mann, der mehr haben will und unersättlich ist oder einem, der nicht in der Zeit der Gefahr eigens von ihm Hilfe erfahren

πλοῦτον καὶ δόξαν ἀφαιρεθέντι καὶ τοῖς τοιούτοις. ὁ γὰρ Ἰχνηλάτης ἐκ πολλοῦ συνετώτατος ὢν πρὸς τῇ ἐμῇ πύλῃ ἀπέρριπτο. ἴσως γὰρ διὰ τοῦτο οὐ πιστῶς ἐκδουλεύσει μοι ἢ εὑρὼν τὸ μεγαλόφωνον ζῷον ἐμοῦ μεῖζον τῇ δυνάμει καὶ εὐσθενέστερον τούτῳ προσρυῇ καὶ ἀναγγείλῃ αὐτῷ τὰ ἐμὰ ἐλαττώματα.

(14) ταῦτα καὶ τὰ τοιαῦτα διαλογιζομένου αὐτοῦ ἐφάνη μόνος ὁ Ἰχνηλάτης. ὡς οὖν εἶδε τοῦτον, ἐθάρρησε καὶ εἶπε πρὸς αὐτόν· τί ἔδρασας;

ὁ δὲ εἶπεν· εἶδον τὸ μεγαλόφωνον ζῷον καὶ ταῦρός ἐστι, καὶ ἐπλησίασα τούτῳ καὶ διελέχθην καὶ ὡμίλησα, καὶ οὐδεμία μοι βλάβη ἐξ αὐτοῦ ἐπεγένετο.

ὁ δὲ λέων εἶπε· μὴ λάβῃς τὸ μὴ βλαβῆναί σε τεκμήριον τῆς τοῦ ζῴου ἀδυναμίας. ὁ γὰρ σφοδρὸς ἄνεμος τὰ μὲν ἀδρανῆ τῶν φυτῶν οὐ καταβλάπτει, τὰ δὲ ὑψιπέτηλα δένδρα κατακλᾷ καὶ πρόρριζα ἐκτίλλει.

ὁ δὲ Ἰχνηλάτης εἶπε· μὴ οἴου, ὦ βασιλεῦ, τὸ τοιοῦτον ζῷον δυνατώτατον εἶναι. εἰ γὰρ βούλει, παραστήσω σοι τοῦτο καὶ ὑπήκοόν σοι ἔσται καὶ ὑπὸ χεῖρα.

εὐφρανθεὶς οὖν ἐπὶ τούτῳ ὁ λέων προσέταξεν αὐτῷ ποιῆσαι τὸ ὑποσχεθέν.

(15) ὁ δὲ ἀπελθὼν πρὸς τὸν ταῦρον θαρραλέως ἔφη αὐτῷ· ὁ λέων με πρὸς σὲ ἐξαπέστειλεν ἄξοντά σε πρὸς αὐτόν. εἰ μὲν οὖν σπεύσεις τὴν πρὸς αὐτὸν πορείαν, συγγνωμονήσει σου τὴν μέχρι τοῦδε καθυστέρησιν καὶ τὴν περὶ τὴν ὑπάντησιν αὐτοῦ ἀμέλειαν. εἰ δὲ ἐνδοιάσεις, ἀναφέρω αὐτῷ τὰ κατὰ σέ.

ὁ δὲ ταῦρος εἶπε· καὶ τίς ἐστιν οὗτος ὁ λέων ὁ πρὸς ἐμὲ ἐξαποστείλας σε, καὶ ποῦ διάγει;

hat oder der Reichtum und Ruhm auch aus solchen Dingen erlangt. Der Ichnelates war zwar in vielem sehr verständig, war aber vor meinem Tor hingeworfen worden. Vielleicht wird er mir deshalb nicht treu dienen oder herausfinden, dass das laut rufende Tier größer als ich an Kraft ist und sich diesem zuwenden und ihm meine Schwächen anzeigen.

(14) Als er dieses und Derartiges überlegte, erschien der Ichnelates allein. Da er ihn sah, fasste er Mut und sagte zu ihm: Was hast du getan?

Der sagte: Ich habe das laut rufende Tier gesehen; es ist ein Stier. Ich näherte mich ihm, unterhielt mich und sprach mit ihm; mir ist kein Schaden von ihm geschehen.

Der Löwe sagte: Nimm die Tatsache, dass dir nicht geschadet worden ist, nicht als Beweis für die Ohnmacht des Tieres. Der heftige Wind schadet den schwachen Pflanzen nicht, aber hochragende Bäume zerreißt er und hebt sie von der Wurzel aus.

Der Ichnelates sagte: Glaube nicht, o König, dass dieses Tier sehr mächtig ist. Wenn du willst, werde ich es vor dich bringen und es wird dir gehorsam sein und zur Hand gehen.

Darüber freute sich der Löwe nun und befahl ihm, das Versprochene auszuführen.

(15) Der ging also zum Stier los und sagte kühn zu ihm: Der Löwe hat mich zu dir geschickt, damit ich dich zu ihm führe. Wenn du dich eilig auf die Reise zu ihm machst, wird er dir die bis jetzt eingetretene Verspätung und Vernachlässigung der Aufwartung bei ihm verzeihen. Wenn du aber zögerst, werde ich ihm das von dir berichten.

Der Stier sagte: Wer ist denn dieser Löwe, der dich zu mir gesandt hat, und wo wohnt er?

ὁ δὲ Ἰχνηλάτης ἔφη· βασιλεύς ἐστι τῶν θηρίων καὶ ἐν τῷδε διάγει τῷ τόπῳ μετὰ καὶ τῆς ὑπ' αὐτὸν στρατιᾶς.

ὁ δὲ ταῦρος δειλιάσας ἠκολούθησεν αὐτῷ μέχρι τοῦ λέοντος. (16) ὃν ἰδὼν ὁ βασιλεὺς εὐμενῶς προσεδέξατο καὶ ἐπηρώτησε περὶ τῶν κατ' αὐτόν. ὁ δὲ ἀνήγγειλεν αὐτῷ ἅπαντα. καὶ ὑπέσχετο τούτῳ ὁ λέων πᾶν ἀγαθὸν καὶ ἀνέθηκεν εἰς αὐτὸν τὰ τῆς ἀρχῆς αὐτοῦ καὶ τῶν λοιπῶν προέκρινεν.

(17a) ὅπερ ἰδὼν ὁ Ἰχνηλάτης ἐφθόνησε καὶ μὴ ἀνεχόμενος ἀπεκάλυψε τὸν φθόνον τῷ ἑταίρῳ αὐτοῦ Στεφανίτῃ καὶ εἶπεν· οὐ θαυμάζεις, ὅπερ ἔδρασα κατ' ἐμαυτοῦ; τὰ γὰρ λυσιτελοῦντα τῷ λέοντι τελέσας ἔλαθον ἐμαυτὸν βλάψας καὶ προσήνεγκα τὸν καθυστερήσαντά μου τὴν ἀξίαν ταῦρον.

(24a) ὁ δὲ Στεφανίτης εἶπε· καὶ τί βούλει ποιεῖν;

ὁ δὲ εἶπε· (24b) βούλομαι ἀποκαταστῆναι εἰς τὴν προτέραν μου τάξιν. δεῖ γὰρ τὸν νουνεχῆ τὰ τρία ταῦτα μεταχειρίζεσθαι καὶ διαλογίζεσθαι· πρότερον μὲν ἃ πέπονθεν ἀγαθά τε καὶ ἐναντία, (24c) καὶ τὰ μὲν αἴτια τῶν κακῶν ἀποφεύγειν, τὰ δὲ τῶν ἀγαθῶν διώκειν. εἶτα καὶ τὰ ἐνεστῶτα καλὰ ἢ φαῦλα καὶ σπεύδειν κατέχειν μὲν τὰ καλά, ἀποφεύγειν δὲ τὰ φαῦλα. καὶ σκοπεῖν μετὰ τοῦτο τὸ μέλλον καὶ ὡσαύτως ποιεῖν. διελογισάμην οὖν κἀγὼ τὴν προτέραν μου κατάστασιν καὶ οὐχ εὗρον τόπον τῆς ἀποκαταστάσεως ἀλλ' ἢ τὸ δόλῳ τὸν ταῦρον ἀποκτεῖναι. τοῦτο γάρ μοι λυσιτελές, ἴσως καὶ τῷ λέοντι.

ὁ δὲ Στεφανίτης εἶπεν· οὐχ ὁρῶ βλάβην τῷ λέοντι ἐκ τῆς τοῦ ταύρου ἐπιγινομένης αὐτῷ οἰκειώσεως.

ὁ δὲ ἔφη· ὁ λέων ὅλος αὐτοῦ γέγονε τοὺς λοιποὺς περιφρονήσας. δι' ἓξ γὰρ πράγματα ὁ βασιλεὺς περιφρονεῖται καὶ

Der Ichnelates sagte: Er ist der König der wilden Tiere und lebt an dem Ort da hinten auch mit seinem ihm untergebenen Heer.

Der Stier fürchtete sich und folgte ihm zum Löwen. (16) Als der König ihn sah, nahm er ihn wohlwollend auf und fragte ihn über seine Umstände. Er aber erzählte ihm alles. Und es versprach ihm der Löwe alles Gute; er legte ihm die Lage des Reichs dar und zog ihn den übrigen vor.

(17a) Als der Ichnelates dies sah, wurde er neidisch; er hielt nicht mehr an sich und eröffnete den Neid seinem Gefährten Stephanites und sagte: Was habe ich da gegen mich getan? Das für den Löwen Nützliche habe ich vollbracht, aber dabei unbemerkt mir selbst geschadet und ihm den Stier zugeführt, der doch an Rang so tief unter mir steht.

(24a) Der Stephanites sagte: Und was willst du tun?

Er sagte: (24b) Ich will in meine frühere Stellung zurückkehren. Der Vernünftige muss nämlich diese drei Dinge versuchen und überlegen: Was er zuvor erfahren hat, Gutes wie dessen Gegenteil, (24c) und die Gründe für das Üble vermeiden, das Gute verfolgen, dann auch das bestehende Gute oder Schlechte, und davon das Gute festhalten, das Schlechte vermeiden, und danach für das Künftige ebenso tun. Auch ich habe mir also meine frühere Stellung überlegt und den Ort meiner Position nicht gefunden, außer wenn ich mit List den Stier töte. Dies ist für mich nützlich, vielleicht auch für den Löwen.

Der Stephanites sagte: Ich sehe keinen Schaden, der dem Löwen durch den Verbleib des Stiers bei ihm entstanden ist.

Er sagte: Der Löwe ist ganz der seine und verachtet die anderen. Durch sechs Dinge aber wird der König verächtlich

καθαιρεῖται· τὸ μὴ χρᾶσθαι τοῖς προσφόροις τῷ καιρῷ, ἀλλ' ἔνθα δεῖ αὐστηρίας τινὸς μαλακίζεσθαι, καὶ ἔνθα δεῖ κολακείας τινὸς θρασύνεσθαι· καὶ τὸ μὴ ἱκανῶν καὶ συνετῶν εὐπορεῖν ὑπηκόων οἰκείων καὶ συμβούλων· καὶ τὸ στασιάζειν τοὺς ὑπ' αὐτόν· καὶ τὸ ἡττᾶσθαι ταῖς ἀλόγοις ὀρέξεσι· καὶ τὸ ὑπείκειν τῷ θυμῷ· πρὸς τούτοις καὶ ταῖς τῶν καιρῶν μεταβολαῖς.

ὁ δὲ Στεφανίτης εἶπε· καὶ πῶς δυνήσῃ βλάψαι τὸν ταῦρον πολύ σου ὄντα ἰσχυρότερον καὶ πλειόνων φίλων εὐποροῦντα καὶ ὑπηκόων;

ὁ δὲ εἶπε· μὴ ἀπίδῃς πρὸς τὴν ἐμὴν εὐτέλειαν. οὐ γὰρ ἡ νίκη τῇ δυνάμει καὶ τῇ ῥώμῃ τοῦ σώματος ἕπεται. πολλοὶ γὰρ τῶν δυνατωτέρων ὑπὸ τῶν τυχόντων ἡττήθησαν.

(25) λέγεται γάρ, ὡς κόραξ τις ἐμφωλεύων τινὶ τῶν ὀρεινῶν δένδρων παρά τινος ὄφεως καθ' ἕκαστον ἠδικεῖτο χρόνον, ἐν τούτῳ τοὺς νεοσσοὺς αὐτοῦ κατεσθίοντος. ὡς οὖν πολλάκις τοῦτο εἰς αὐτοὺς ἔδρασεν, ἀπελθὼν ὁ κόραξ εἴς τινα λυκοπάνθηρον φίλτατον αὐτῷ εἶπε· βούλομαί σοι συμβούλῳ χρήσασθαι. οἶδας γάρ, οἷα πάσχω παρὰ τοῦ ὄφεως. καὶ ἔδοξα συμφέρον μοι εἶναι προσεγγίσαι τούτῳ ὑπνώττοντι καὶ τοὺς ὀφθαλμοὺς αὐτοῦ ἐξορύξαι. ὁ δὲ λυκοπάνθηρος εἶπεν· οὐ καλῶς ἐβουλεύσω, ἀλλὰ σκόπησον μηχανὴν ἑτέραν, δι' ἧς ἐκεῖνον μὲν ἀπολέσεις, σὺ δὲ ἀπήμαντος διατηρηθῇς, μήπως ταὐτὸν πάθῃς τῷ τοῦ κύκνου.

(26) λέγεται γάρ, ὡς κύκνος τις λίμνῃ πλήρει ἰχθύων οἰκῶν κἀκ τούτων τρεφόμενος ἐγήρασε καὶ πρὸς τὴν ἁλιείαν ἠτόνησε καὶ πείνῃ κατασχεθεὶς καὶ ἀναγκασθεὶς ἀνῆλθεν πρὸς τὸ ὄρος καὶ ἀνερχόμενος συνήντησε καρκίνῳ κατηφὴς ὢν καὶ σκυθρωπός. ὁ δὲ καρκίνος εἶπε πρὸς αὐτόν· τί σύννους φαίνῃ μοι καὶ ἀθυμῶν; ὁ δὲ ὑπολαβὼν εἶπε· καὶ πῶς οὐκ ἀθυμήσω, πρότερον παρεδρεύων τῇδε τῇ λίμνῃ καὶ ὑπὸ

gemacht und gestürzt: die Vorteile des Zeitpunkts nicht zu nutzen; wo es eine gewisse Strenge braucht, weich zu sein, und wo es eine gewisse Sanftheit braucht, kühn zu sein; nicht genug geeignete und verständige eigene Untergebene und Ratgeber zu haben; seinen Untergebenen Aufruhr zu ermöglichen; unvernünftigen Begierden nachzugeben; dem Zorn zu unterliegen, zumal in den Wechselfällen der Zeiten.

Der Stephanites sagte: Aber wie wirst du dem Stier schaden können, der doch viel kräftiger ist als du und über mehr Freunde und Untergebene verfügt?

Der sagte: Verachte meine Geringheit nicht. Der Sieg folgt ja nicht der Stärke und Körperkraft. Viele der Mächtigeren sind nämlich von den Bedürftigeren besiegt worden.

(25) Man erzählt nämlich: Ein Rabe, der sich in einem der Bäume auf dem Berg versteckte, erlitt von einer Schlange jedes Jahr Unrecht, indem sie seine Jungen aufaß. Da sie dies oft mit diesen tat, ging der Rabe zu einem Schakal, der ihm ein liebster Freund war, und sagte: Ich will dich als Ratgeber nutzen. Du weißt ja, wie sehr ich unter der Schlange leide. Und ich sah es als mir nützlich an, mich ihr zu nähern, wenn sie schläft, und ihr die Augen auszureißen. Der Schakal sagte: Nicht gut beraten bist du; vielmehr musst du ein anderes Mittel prüfen, durch das du jene untergehen lässt, du aber unversehrt bleibst, damit du nicht dasselbe erleidest wie der Schwan.

(26) Man erzählt nämlich: Ein Schwan wohnte an einen Teich, der voll von Fischen war, und ernährte sich von ihnen; er war nun alt und zu schwach für den Fischfang, wurde von Hunger erfasst und gezwungen, ging auf den Berg und traf, dort angekommen, niedergeschlagen und mit düsterer Miene einen Krebs. Der Krebs sagte zu ihm: Was erscheinst du mir so nachdenklich und mutlos? Er sagte darauf: Wie soll ich nicht mutlos sein, der ich früher bei diesem Teich lebte und mich von den

τῶν ἰχθύων αὐτῆς ἱκανῶν ὄντων καὶ δαψιλῶν τρεφόμενος, σήμερον δὲ ἑώρακα δύο ἁλιεῖς παραγενομένους εἰς τοῦτον τὸν τόπον καὶ διαλεγομένους, πῶς ἅπαντας τοὺς ἐκεῖσε ἰχθύας σαγηνεύσωσιν. ὁ δὲ καρκίνος τοῦτο ἀκούσας παρεγένετο πρὸς τοὺς ἰχθύας καὶ ἀνήγγειλεν αὐτοῖς, ἃ μεμαθήκει παρὰ τοῦ κύκνου. οἱ δὲ προσελθόντες παρακαλοῦσι τὸν κύκνον λέγοντες· ἄρτι συμβούλῳ σοι χρησόμεθα. ὁ γὰρ συνετὸς ἀνὴρ πολλάκις συμβουλεύεται τῷ ἰδίῳ ἐχθρῷ νουνεχεῖ ὄντι, ὅταν κοινὴ αὐτοῖς ἡ ὠφέλεια ἐκ τοῦ πράγματος ᾖ. ὁ δὲ κύκνος εἶπεν· οὐδεμία πρόκειται μηχανὴ ἀλλ' ἢ τὸ μεταστῆναι ὑμᾶς ἀπὸ τοῦδε τοῦ τόπου ἐπί τινα τόπον ἕτερον βαλτώδη καὶ ὑδατώδη καὶ καλαμώδη. οἱ δὲ εἶπον· καὶ λοιπὸν μετάστησον σὺ ἡμᾶς ἐπὶ τόπον τοιοῦτον. ὁ δὲ εἶπε· δέδοικα, μὴ πρὸ τοῦ μεταστῆσαι πάντας καταλάβωσιν οἱ ἁλιεῖς. ὅμως ὅσον τὸ κατὰ δύναμιν τούτῳ ἐπιχειρήσω. καὶ ἤρξατο ἐπὶ τῇ τοιαύτῃ προφάσει μετακομίζειν ἑκάστῃ ἡμέρᾳ τινὰς ἰχθύας ἐπὶ τὸν τοῦ ὄρους κρημνὸν καὶ ἐσθίειν αὐτούς, τῶν ἄλλων οἰομένων, ὡς ἐπὶ τὸν ὑποσχεθέντα τόπον παρ' αὐτοῦ μετοικίζονται. μιᾷ δὲ τῶν ἡμερῶν ἠξίωσε τοῦτον ὁ καρκίνος μετακομίσαι καὶ αὐτὸν ὡς ἕνα τῶν ἰχθύων. καὶ λαβὼν τοῦτον ὁ κύκνος ἀπήγαγεν εἰς τὸν κρημνόν, ἔνθα τοὺς ἰχθύας ἤσθιε, βουληθεὶς καὶ τοῦτον φαγεῖν. ἰδὼν οὖν ὁ καρκίνος τὰ τῶν ἰχθύων ὀστᾶ ἐκεῖσε κείμενα ἐφώρασε τὸν δόλον καὶ καθ' ἑαυτὸν διελογίσατο, ὡς βιοθανατήσει, εἴτε συμπλακῇ τῷ κύκνῳ, εἴτε ὑπείξῃ· καὶ δεῖν ἔγνω μὴ ἄδοξον θάνατον ὑπομεῖναι, ἀλλ' ἢ καλῶς ζῆν ἢ καλῶς τεθνηκέναι. καὶ ἐπισχὼν ἀθρόως ταῖς χηλαῖς τὸν τοῦ κύκνου τράχηλον βιαίως ἀπέπνιξε.

(27) διὰ τοῦτο οὖν σοι ταῦτα διεξῆλθον, ὦ κόραξ, ἵνα μάθῃς ἀκριβῶς, ὡς πολλάκις τις ἐπιβουλεύων τισὶ ταῖς οἰκείαις ἄρκυσιν ἁλίσκεται. ἀλλὰ δεῖ σε οὑτωσὶ τὴν τοῦ ὄφεως μεταχειρίσασθαι ἀπώλειαν. εἰ γὰρ δύνῃ, ὑψιπέτησον καὶ στοχασάμενος κάτωθεν γυναικείου κόσμου τῶν τιμιωτέρων ἄφελε τοῦτον καὶ τῷ φωλεῷ ἐγκατάθου τοῦ ὄφεως. ἕψονταί

Fischen in ihm ernährte, die zahlreich und üppig waren, heute aber zwei Fischer sah, die an jenen Ort gekommen waren und überlegten, wie sie alle Fische von dort fangen könnten. Als der Krebs dies hörte, ging er zu den Fischen und meldete ihnen, was er vom Schwan erfahren hatte. Sie kamen hinzu und baten den Schwan mit folgenden Worten: Schon wollen wir dich als Ratgeber nutzen. Der verständige Mann nämlich gibt dem eigenen Feind, wenn der vernünftig ist, oft Rat, wenn es aus der Sache einen gemeinsamen Nutzen gibt. Der Schwan sagte: Kein anderes Mittel gibt es, als dass ihr von diesem Ort wegzieht zu einem anderen Ort, der sumpfig, wasserreich und von Schilf umstanden ist. Sie sagten: Bringe uns nun zu einem solchen Ort. Er sagte: Ich fürchte, dass euch, bevor ihr alle umgezogen seid, die Fischer fangen. Dennoch will ich es versuchen, soweit ich es vermag. Und er begann mit einem solchen Vorsatz an jedem Tag einige Fische auf den Abhang des Bergs zu bringen und zu essen, während die anderen meinten, dass sie zu dem versprochenen Ort umgezogen würden. Eines Tags bat auch der Krebs, umzuziehen wie einer der Fische. Der Schwan nahm ihn und brachte ihn zum Abhang, wo er auch die Fische aß, und wollte auch ihn verspeisen. Als nun der Krebs die dort liegenden Fischgräten sah, durchschaute er die List und überlegte bei sich, dass er sein Leben enden würde, gleich ob er mit dem Schwan zusammenwirken oder ihm widerstehen würde. Er beschloss, dass er keinen unrühmlichen Tod ertragen müsse, sondern entweder gut leben oder sterben wolle. So hielt er mit seinen Scheren den Hals des Schwans zusammen und erstickte ihn gewaltsam.

(27) Deshalb habe ich dir dies erzählt, o Rabe, damit du genau verstehst, dass oft einer, der anderen auflauert, durch seine eigenen Netze gefangen wird. Du musst aber auf diese Weise den Untergang der Schlange in die Hand nehmen. Wenn du kannst, fliege von oben heran, suche unten nach Frauenschmuck, nimm vom Wertvolleren welchen weg und lege ihn vor die Schlangengrube. Es werden dir deshalb einige folgen,

σοι γάρ τινες διὰ τοῦτον καὶ εὑρόντες τὸν ὄφιν ἀναιρήσουσιν. ὃ δὴ καὶ δράσας ὁ κόραξ ἀπηλλάγη τοῦ ὄφεως.

(28) εἶτα πρὸς τούτοις ὁ Ἰχνηλάτης τῷ Στεφανίτῃ· ταῦτά σοι διεξῄειν, ἵνα διαγνῷς, ὡς ἡ φρόνησις ἐπικρατεστέρα ἐστὶ δυνάμεως.

ὁ δὲ Στεφανίτης ἔφη· εἰ μὴ πρὸς τῇ ἀνδρείᾳ ὁ ταῦρος καὶ ἀγχίνους ἦν, ἐνεχώρει ἂν τοιαῦτά σοι λέγειν, ἀλλ' ἔστι καὶ συνετώτατος.

ἀληθῶς ἔφης, ὁ Ἰχνηλάτης εἶπεν, ὡς τοιοῦτός ἐστιν, ἀλλ' ἐν τούτῳ δύναμαι καταβαλεῖν αὐτὸν τῷ θαρρεῖν μοι καὶ πιστεύειν ἐν πολλοῖς τῶν πραγμάτων, ὥσπερ καὶ διὰ τοῦ τοιούτου τρόπου ὁ λαγωὸς τὸν λέοντα κατέβαλε.

(29) λέγεται γάρ, ὡς λέων τις ᾤκει χλοηφόρον καὶ ὑδατῶδες πεδίον, ἐν ᾧ καὶ γένη θηρίων ἐνέμετο διάφορα, τῶν μὲν ἄλλων ἀφθόνως καὶ δαψιλῶς εὐποροῦντα, μόνῳ δὲ τῷ φόβῳ τοῦ λέοντος παρενοχλούμενα. βουλὴν οὖν συστησάμενα προσῆλθον τῷ λέοντι καὶ εἶπον αὐτῷ· συνείδομεν ὁμοῦ πάντες, ὦ βασιλεῦ, ἵνα σε μὲν πόνων καὶ κόπων ἀπαλλάξωμεν, ἡμῖν δὲ αὐτοῖς ἀμεριμνίαν ποιήσωμεν. σὺ γὰρ μόχθῳ καὶ ἱδρῶτι πολλῷ ἑκάστοτε ἕνα θηρεύεις ἐξ ἡμῶν, ἡμεῖς δὲ πάλιν τῇ ἀοριστίᾳ τοῦ θηρευομένου περίδειλοι ὁσημέραι διατελοῦμεν. δεῖν οὖν ἔγνωμεν ἑκάστῃ ἡμέρᾳ δεξιοῦσθαί σου τὴν τράπεζαν ἑνὶ ἐξ ἡμῶν. καὶ τοῦτο ἀσπαστὸν ἐφάνη τῷ λέοντι καὶ διετέλεσαν ἡμέρας ἱκανὰς κλῆρον βάλλοντες κατ' ἀλλήλων καὶ τὸν τῷ κλήρῳ σημειούμενον τῷ λέοντι ἐξαπέστελλον. ὡς οὖν ὁ κλῆρος ἐπῆλθεν καὶ πρὸς τὸν λαγωόν, εἶπεν αὐτοῖς· εἰ συνεργήσετέ μοι, ὦ θῆρες, ἀπαλλάξω ὑμᾶς τοῦ βαρυτάτου τούτου ἐπιτιμίου. οἱ δὲ εἶπον· ὃ βούλει, τοῦτο ποιήσομεν. ὁ δὲ εἶπε· παραγγείλατε τῷ ἐφέλκοντί με πρὸς τὸν λέοντα μὴ κατεπείγειν με πρὸς τὴν πορείαν, ἀλλ' ὅτε πλησίον αὐτοῦ γενώμεθα, ἀποκρυβῆναι αὐτόν. οἱ

die Schlange finden und töten. Das tat der Rabe und wurde von der Schlange befreit.

(28) Dann sagte dazu der Ichnelates zum Stephanites: Dies habe ich dir erzählt, damit du erkennst, dass die Klugheit stärker ist als die Kraft.

Der Stephanites sagte: Wäre der Stier zu seiner Tapferkeit hinzu nicht auch noch scharfsinnig, wäre es möglich, dir dies zuzugestehen, aber er ist sehr verständig.

Wahr sprichst du, sagte der Ichnelates, dass er vor dieser Art ist, aber darin kann ich ihn stürzen, dass er Zutrauen zu mir hat und mir in vielen Dingen vertraut, wie auch auf diese Weise der Hase den Löwen gestürzt hat.

(29) Man erzählt nämlich: Ein Löwe bewohnte eine fruchtbare und wasserreiche Ebene, in der auch verschiedene Arten von Tieren weideten, die in allen anderen Hinsichten reichlich und üppig im Wohlstand lebten, allein aber von der Furcht vor dem Löwen belastet waren. Sie beriefen einen Rat ein, gingen zum Löwen und sagten zu ihm: Wir sind alle zusammen der Meinung, o König, dass wir dich von den Mühen und Plagen befreien, uns aber Sorglosigkeit verschaffen wollen. Du erjagst mit viel Mühe und Schweiß jedes Mal nun einen von uns, wir wiederum leben in der Unsicherheit des Gejagtwerdens täglich in Furcht. Wir haben also beschlossen, dir jeden Tag mit einem aus unseren Reihen eine Tafel zu bereiten. Dies schien dem Löwen begrüßenswert und sie verbrachten einige Tage damit, untereinander das Los zu werfen; den vom Los Bezeichneten schickten sie dem Löwen. Als nun das Los auch den Hasen traf, sagte er zu ihnen: Wenn ihr mit mir zusammenarbeitet, o Tiere, werde ich euch von diesem sehr schweren Tribut befreien. Sie sagten: Was du willst, das werden wir tun. Er sagte: Befehlt nur dem (Hasen), der mich zum Löwen schleppt, mich nicht zur Reise zu drängen, sondern sich dann, wenn wir

δὲ τοῦτο ἐποίησαν. καὶ ἀπελθὼν ὁ λαγωὸς βραδύτερον τῇ πορείᾳ ἐχρήσατο ὥστε τὸν λέοντα ὑπὸ τῆς πείνης ἀγριωθῆναι. ὡς οὖν εἶδεν ὁ λέων τὸν λαγωόν, εἶπεν αὐτῷ· τί τοῦτο, ὅτι μέχρι τοῦδε ἐβράδυνας, καὶ οὐχ ὡς οἱ λοιποὶ τάχιον ἦλθες; ὁ δὲ εἶπε· λαγωὸν εἱλκόμην πρὸς σέ, καί τίς μοι συναντήσας λέων ἥρπασε τοῦτον πολλά μου αὐτῷ ἐπιφωνησαμένου καὶ προμαρτυραμένου, ὡς δίαιτά σοι ἐπέμφθη, ἀλλ' οὐκ εἰσηκούσθην. καὶ εἰ βούλει, ἀπάξω σε πρὸς αὐτόν. θυμωθεὶς οὖν ὁ λέων εἶπε τῷ λαγωῷ· ἕψομαί σοι, ἔνθα ἐστί. καὶ ἀπήγαγε τοῦτον ἐπί τι φρέαρ τῶν βαθυτάτων καὶ παρεσκεύασε τοῦτον ἐν αὐτῷ προκύψαι ὥστε τὸν λέοντα ἰδεῖν. καὶ συνεπρόκυψεν οὗτος αὐτῷ καὶ εἶπεν· ἰδοὺ ὁ λέων ὁ τὴν ἁρπαγὴν ποιήσας καὶ ὁ ἁρπαγεὶς λαγωός. ὑποδείξας αὐτῷ ἐν τῷ ὕδατι τὸ ἑαυτοῦ καὶ τὸ ἐκείνου ἐκτύπωμα, ὑφ' ὧν ὁ λέων πλανηθεὶς ἔρριψεν ἑαυτὸν τῷ φρέατι καὶ ἀπεπνίγη.

(30) ὁ δὲ Στεφανίτης εἶπεν· εἰ δύνῃ τὸν ταῦρον ἀπολέσαι μὴ βλαπτομένου τοῦ λέοντος, τῷ ἔργῳ ἐπιχείρησον. καὶ γὰρ σύ τε κἀγὼ καὶ ἕτεροι πλεῖστοι τῶν καθ' ἡμᾶς διὰ τῆς τοῦ ταύρου οἰκειώσεως παρωράθημεν. εἰ δὲ τοῦτο ἀδύνατόν σοί ἐστιν, ἀπέχου τοῦ ἐγχειρήματος. παράβασις γὰρ τὸ τοιοῦτον καὶ παρασπόνδησις.

(31) εἶτα δὴ μιᾷ τῶν ἡμερῶν εἰσῆλθεν ὁ Ἰχνηλάτης πρὸς τὸν λέοντα κατηφείας μεστός. καὶ ἐπηρώτησε τοῦτον ὁ λέων περὶ τοῦ πάθους, μή τι συνέβη καινόν. ὁ δὲ εἶπε· συμβέβηκέ μοί τι πρᾶγμα ἀποτρόπαιον ἐμοί τε καὶ σοί· ἀλλ' ὅτε ὁ λέγων ἐπαίσθηται, ὡς τὰ λεχθησόμενα παρ' αὐτοῦ δυσάρεστα τῷ ἀκούοντι φανήσονται, οὐ τοῦ λέγειν κατατολμᾷ – εἴ γε καὶ δι' εὔνοιαν τοῦτο πράττει –, εἰ μή γε πολλάκις θαρρήσας ὁ ἀκούων τῇ συνέσει τοῦ λέγοντος παραίνεσιν εὐνοϊκὴν εἶναι τὰ ὑποτιθέμενα δόξει. εἰδὼς οὖν σε, ὦ βασιλεῦ, συνέσει καὶ ἀγχινοίᾳ κεκοσμημένον ἐθάρρησα διαλεχθῆναί σοι,

in seine Nähe gekommen sind, zu verstecken. Sie taten dies. Und der Hase kam und machte seine Reise recht langsam, so dass der Löwe vor Hunger wild wurde. Als der Löwe nun den Hasen sah, sagte er zu ihm: Was soll das, dass du dich bis jetzt verspätet hast und nicht wie die übrigen rasch gekommen bist? Der sagte: Ich habe den Hasen zu dir geschleppt, aber ein Löwe, der mir begegnete, raubte ihn, obwohl ich viel rief und bezeugte, dass er dir als Mahlzeit geschickt werde; ich fand aber kein Gehör. Wenn du willst, bringe ich dich zu ihm. Voll Zorn sagte der Löwe zum Hasen: Ich werde dir dahin folgen, wo er ist. Und er führte ihn zu einem der tiefsten Brunnen und brachte ihn dazu, sich über ihn zu beugen, um den Löwen zu sehen. Er beugte sich mit vor und sagte zu ihm: Siehe, der Löwe, der den Raub gemacht hat und der geraubte Hase! Er zeigte ihm im Wasser das Spiegelbild von sich selbst und von jenem, woraufhin der Löwe sich verwirrt in den Brunnen stürzte und umkam.

(30) Der Stephanites sagte: Wenn du den Stier verderben kannst, ohne dem Löwen Schaden zuzufügen, dann versuche es tatsächlich. Du und ich und die meisten anderen von uns werden ja wegen des Ranges des Stiers hintangesetzt. Wenn dir dies aber unmöglich ist, dann lasse von dem Vorhaben ab. Es ist ja eine Übertretung und ein Treubruch.

(31) Eines Tags kam dann der Ichnelates zum Löwen, voll von Trübsal. Und es fragte ihn der Löwe über sein Leid, was ihm denn geschehen sei. Er sagte: Es ist mir und dir eine schreckliche Sache geschehen. Aber wenn der Sprecher bemerkt, dass das von ihm Gesagte dem Hörenden nicht wohlgefällig erscheint, wird er das Sprechen nicht wagen – auch wenn er dies aus Wohlwollen tut –, sofern nicht der Hörende mutig die Meinung hat, dass das in der Einsicht des Sprechenden Vorgeschlagene eine wohlwollende Mahnung ist. Ich weiß, dass du, o König, von Einsicht und Scharfsinn geschmückt bist und habe es daher gewagt, dir das darzulegen, worüber du etwas

περὶ ὧν μαθεῖν οὐ βούλει. οἶδα γάρ, ὡς οὐκ ἐνδοιάζεις περὶ τῆν ἀκραιφνῆ καὶ εἰλικρινῆ δούλωσίν μου, καὶ διανοοῦμαι, μήπως ἄπιστά σοι τὰ ῥήματά μου φανήσονται. ἀλλὰ διαλογίζομαι, ὡς αἱ ἡμέτεραι ψυχαὶ τῆς σῆς ἀνήρτηνται ψυχῆς, καὶ ἀναγκαῖόν μοι καταφαίνεται τὸ μηδὲν τῶν δεόντων καὶ λυσιτελούντων ἀποκρύπτειν. οὐ δεῖ γὰρ οὕτως τὸν ὑπήκοον τὴν πρὸς τοὺς δεσπότας εὔνοιαν συγκαλύπτειν, οὔτε τὸν νοσοῦντα τὰ τῆς νόσου μὴ ἀνακοινοῦσθαι τῷ ἰατρῷ, οὔτε τὸν πένητα σπεύδειν λαθεῖν τὴν ἑαυτοῦ πενίαν. ἀνέμαθον οὖν παρά τινος ἀξιοπίστου, ὡς ὁ ταῦρος τοῖς ἄρχουσι τοῖς ὑπὸ σὲ προσωμίλησε καταμόνας καὶ εἶπεν αὐτοῖς· ἐπειράθην τοῦ λέοντος καὶ διέγνων ἀκριβῶς τὴν ἀνδρείαν αὐτοῦ καὶ τὴν φρόνησιν καὶ εὗρον αὐτὸν παντελῶς ἐν τούτοις ἀφελῆ. καὶ ἐκ τῶν τοιούτων αὐτοῦ προοιμίων ἐτεκμηράμην τὴν τούτου παρασπόνδησιν καὶ ἀσέβειαν, ὅτι σου τοῦτον ὑπερυψώσαντος καὶ ὁμότιμον ἑαυτοῦ καταστήσαντος δεῖν ᾠήθη τῆς σῆς περιδράξασθαι ἀρχῆς. καὶ δεῖ τοὺς βασιλεῖς, ὅτε τινὸς ἐπαίσθωνται τῆς οἰκείας ἀρχῆς ἐφιεμένου, προκαταβάλλειν τοῦτον καὶ ἀφανίζειν πρὶν ἢ ἐπὶ μέγα τὰ τῆς ἐφέσεως ἀρθῇ. τούτου γὰρ γενομένου ἀνέγκλιτα ἴσως γενήσεται τὰ συμπτώματα. οἱ μὲν γὰρ ἱκανώτατοι τῶν ἀνθρώπων παντὶ τρόπῳ σπεύδουσι μὴ ἐμπεσεῖν ἐναντίῳ τινὶ ἢ ἀπευκταίῳ συμβάματι. οἱ δὲ ἧττονες αὐτῶν καὶ καταδεέστεροι περιπίπτουσι μὲν ἴσως ποτέ τισι, μηχανῶνται δ' ὅμως τὴν οἰκείαν ἀνάρρυσιν. οἱ δὲ πάντῃ ἀφελεῖς περιπεσόντες οὐκ ἀναφέρουσι καὶ τοῦτο παρόμοιον τῷ τῶν τριῶν ἰχθύων.

(32) λέγεται γάρ, ὡς ἔν τινι λιμνηδίῳ πρὸς ποταμὸν συνάπτοντι τρεῖς διέτριβον ἰχθύες, ὧν ὁ μὲν συνετώτατος, ὁ δὲ ἧττον ἐχέφρων, ὁ δὲ ἕτερος πάντῃ ἠλίθιος. ἔτυχε δὲ μιᾷ τῶν ἡμερῶν διελθεῖν ἁλιεῖς δύο ἐπὶ τὸ τοιοῦτον ὕδωρ καὶ

erfahren wolltest. Ich weiß nämlich, dass du nicht an meinem tadellosen und reinen Dienst zweifelst und glaube, dass dir meine Worte nicht unglaubwürdig erscheinen werden. Aber ich überlege, dass unsere Seelen von deiner Seele emporgehoben werden, und es scheint mir notwendig, dir nichts von dem, was sein muss und nützlich sein kann, zu verbergen. Nicht darf so der Untergebene gegenüber den Herren Wohlwollen verbergen, wie auch der Kranke die Angelegenheiten der Krankheit dem Arzt darlegen muss und der Arme seine Armut. Ich habe von einer vertrauenswürdigen Person erfahren, dass der Stier mit den unter dir Herrschenden eine Vereinbarung getroffen hat und ihnen gesagt hat: Ich habe den Löwen erprobt, seine Tapferkeit und seine Gesinnung genau untersucht und gefunden, dass er darin ganz und gar schwach ist. Und aus solchen Vorbemerkungen von ihm entnahm ich seinen Treubruch und seine Treulosigkeit, dass er, nachdem du ihn besonders erhöht und in eine zu deiner gleichrangige Stellung eingesetzt hast, beschlossen hatte, deine Herrschaft zu übernehmen. Wenn Könige wahrnehmen, dass jemand ihre eigene Herrschaft angreift, müssen sie diesen zu Fall bringen und verschwinden lassen, bevor er in großem Stil einen Aufstand beginnt. Wenn nämlich dies geschieht, wird das Unglück vielleicht nicht unausweichlich sein. Diejenigen Menschen, die in jeder Hinsicht am besten vorbereitet sind, bemühen sich ja eifrig, nicht einem Gegner oder einem unerwünschten Unfall zu unterliegen. Diejenigen, die schwächer und bedürftiger als sie sind, fallen ihnen hingegen vielleicht anheim, bewerkstelligen aber dennoch ihr eigenes Entkommen. Die ganz Einfältigen aber fallen hinein und können sich nicht wieder heraus begeben und gleichen darin dem, was man von den drei Fischen erzählt.

(32) Man erzählt nämlich: In einem Teich an einem Fluss lebten drei Fische, von denen der eine sehr verständig war, der zweite wenig Verstand hatte und der dritte ganz dumm war. Nun traf es sich eines Tags, dass zwei Fischer an dieses Gewässer ka-

συνθεῖναι πρὸς ἀλλήλους, ὁπότε ὑποστρέψουσι, σαγηνεῦσαι τοὺς τοιούτους ἰχθύας. ὁ μὲν οὖν συνετώτατος ἰχθὺς ἅμα τῷ ἀκοῦσαι τὸ τοιοῦτον ἀπεδήμησε τῆς λίμνης πρὸς τὸν ποταμόν. οἱ δὲ λοιποὶ δύο ἀμελήσαντες τῆς ἑαυτῶν σωτηρίας προσεκαρτέρησαν. οἱ μὲν οὖν ἁλιεῖς ἐλθόντες φραγμῷ τὸν μεταξὺ τοῦ λιμνηδίου καὶ τοῦ ποταμοῦ πόρον κατωχυρώσαντο. ὅπερ ἰδὼν ὁ ἧττον ἐχέφρων ἰχθὺς μετεμελήθη ἐπὶ τῇ τοῦ δέοντος ἀβλεψίᾳ καὶ εἶπε καθ' ἑαυτόν· τοιαύτη ἐστὶν ἡ τῶν ἀμελούντων ἀπόβασις. ποία οὖν νῦν μηχανὴ ἔσται τῆς σωτηρίας μου; σπανίως γὰρ δρᾷ καιρίως ἡ μετὰ σπουδῆς ἐπιτηδευομένη μηχανή, ἀλλὰ μηδέν τι τῶν εἰκότων παραλείψω. εἶτα ὑπεκρίθη τὸ θανεῖν καὶ ὕπτιος ἐπὶ τοῦ ὕδατος ἐφέρετο· ᾧ δὴ πιστεύσαντες οἱ ἁλιεῖς καὶ οἰκείαις χερσὶ συλλαβόντες αὐτὸν ὡς τεθνεῶτα μεταξὺ τοῦ λιμνηδίου καὶ τοῦ ποταμοῦ τεθείκασι. καὶ εὐθὺς τῷ ποταμῷ ἐπεισπηδήσας διεσώθη. ὁ δὲ ἠλίθιος ἰχθὺς πολλὰ μογήσας καὶ ἔνθεν κἀκεῖθεν στραφεὶς τελευταῖον ἐσαγηνεύθη.

(33) ὁ δὲ λέων εἶπεν· ἔγνων σου τὸ ὑπόδειγμα, ἀλλ' οὐ δοκῶ τὸν ταῦρον μήποτέ τι παρ' ἐμοῦ παθόντα ἐναντίον δόλιον φανῆναι.

ὁ δὲ Ἰχνηλάτης εἶπε· τὸ μηδὲν ἐναντίον παρὰ σοῦ παθεῖν παρεσκεύασεν αὐτὸν σκαιωρίαν κατὰ σοῦ συρράψαι. τοσοῦτον γὰρ αὐτὸν ἀνύψωσας ὡς πρὸς μηδένα ἕτερον βαθμὸν ἀφορᾶν ἢ τὸν σόν. ὁ γὰρ ἀσυνείδητος ἀνὴρ εὐνοίᾳ κέχρηται τὸ πρότερον ἄχρις ὅτου καταλήψεται βαθμόν, οὗ μή ἐστιν ἄξιος. καὶ τοῦτον καταλαβὼν μηχανᾶται σὺν δόλῳ καὶ πανουργίᾳ ἔτι περαιτέρω. δι' οὐδὲν γὰρ ἕτερον ἐξυπηρετεῖ τοῖς ἡγεμόσιν ἢ τὸ τυχεῖν τινος τῶν ἐφετῶν καὶ ὑποκρίνεται τὸ σπουδαῖος εἶναι μέχρι τῆς τῶν ἐλπιζομένων καταλήψεως. ταύτης δὲ τυχὼν πρὸς τὴν πονηρὰν ἐπανακάμπτει φύσιν· ὥσπερ καὶ ἡ τοῦ κυνὸς οὐρὰ λοξὴ οὖσα καὶ

men und miteinander beratschlagten, wann sie zurückkehren sollten, um die Fische zu fangen. Der sehr verständige Fisch ging, sobald er dies hörte, aus dem Teich zum Fluss fort. Die beiden anderen kümmerten sich nicht um ihre Rettung und blieben deshalb, wo wie waren. Als die zwei Fischer kamen, verstellten sie den Weg zwischen dem Teich und dem Fluss mit einem Netz. Als dies der Fisch sah, der weniger Verstand hatte, bereute er seine mangelnde Vorsicht beim eigentlich Notwendigen und sagte bei sich: So ist der Untergang derer, die sich nicht kümmern. Welches Mittel für meine Rettung gibt es nun? Selten wirkt zur rechten Zeit die mit Eifer bereitete Maßnahme, aber ich will nichts auslassen, was möglich ist. Dann tat er so, als sei er tot, und ließ sich auf dem Rücken auf dem Wasser treiben; dem glaubten die Fischer, ergriffen ihn mit ihren eigenen Händen und warfen ihn als Toten zwischen dem Teich und dem Fluss fort. Sogleich sprang er in den Fluss und wurde gerettet. Der dumme Fisch aber strengte sich sehr an und wandte sich hierhin und dorthin, wurde aber schließlich gefangen.

(33) Der Löwe sagte: Ich habe dein Beispiel verstanden, aber mir scheint nicht, dass der Stier, der nie etwas Widriges von mir erlitten hat, sich als listig erweisen wird.

Der Ichnelates sagte: Dass er nie etwas Widriges von dir erlitten hat, das hat ihn dazu gebracht, eine Hinterlist gegen dich einzufädeln. So hoch nämlich hast du ihn erhoben, dass er keine weitere Rangstufe erkennen kann als deine eigene. Der niederträchtige Mann ist so lange wohlwollend, bis er diejenige Stufe erreicht hat, derer er nicht würdig ist. Wenn er diese erreicht hat, bewerkstelligt er mit List und Tücke einen noch weiteren Aufstieg. Aus keinem anderen Grund dient er den Anführern, als etwas von dem Begehrten zu erlangen; er gibt vor, eifrig zu sein, bis er das Erhoffte erreicht hat. Hat er es erlangt, kehrt er zu seiner boshaften Art zurück, wie der Schwanz des Hundes schief und niedergedrückt ist,

διεστραμμένη, ἐπειδὰν μίτῳ δεσμηθῇ καὶ ἐκτανθῇ, ἰθυτενὴς φαίνεται, ἀπολυθεῖσα δὲ τοῦ δεσμοῦ, αὖθις καμπύλη γίνεται. καὶ ἴσθι, ὦ βασιλεῦ, ὡς ὁ μὴ δεχόμενος παρὰ τῶν εὐνοϊκῶς ὁμιλούντων καὶ τοὺς ἐπαχθεῖς λόγους ἔοικε τῷ νοσοῦντι καὶ τὴν χρῆσιν τῶν πικρῶν φαρμάκων καὶ λυσιτελῶν ἀποτρεπομένῳ καὶ τοῦ ἰατροῦ παρακούοντι. καὶ ἔσο πρὸς τούτοις εἰδώς, ὡς κρείττων ἐν ὑπηκόοις καὶ φίλοις ὁ κατέχων τὴν εὔνοιαν, καὶ ἐν τοῖς ἔργοις βέλτιον τὸ ἀγαθὴν ἔχον ἀπόβασιν, ἐν δὲ τοῖς ἐπαίνοις ὁ παρὰ τῶν ἀγαθῶν ἀνδρῶν θρυλούμενος ἔπαινος, ἐν δὲ τοῖς ἡγεμόσιν ὁ μὴ τῇ οἰήσει καὶ τῇ ὑπερηφανίᾳ ἐκδιδούς, ἐν δὲ τοῖς πλουσίοις ὁ μὴ ὑπὸ τοῦ πολλοῦ μόχθου περισπώμενος, ἐν δὲ τοῖς φίλοις ὁ μὴ ἀντερίζων. λέγεται γὰρ καὶ τοῦτο, ὡς αἱρετώτερόν ἐστιν ἐπὶ πυρὸς καὶ ὄφεων καθεύδειν τινὰ ἢ ὕπνου σπᾶν τινος τῶν περὶ αὐτὸν ἐπιβουλευομένου τὴν ζωὴν αὐτοῦ.

ὁ δὲ λέων εἶπεν· εὐνοϊκώτατα λέγεις καὶ ἀπότομα, ἀλλὰ θῶμεν τὸν ταῦρον ἐχθρωδῶς οὑτωσὶ πρὸς ἡμᾶς διακεῖσθαι, τί δράσει χλοηφάγος ὢν ἐμοῦ αἱμοβόρου τυγχάνοντος; μᾶλλον γὰρ ἡ φύσις ἐκεῖνόν μοι βρωτὸν παρεσκεύασεν.

ὁ δὲ Ἰχνηλάτης εἶπε· μὴ πλανηθῇς τῷ τοιούτῳ σκοπῷ. εἰ μὴ γὰρ δι' ἑαυτοῦ σε ὁ ταῦρος καταβαλεῖν δυνήσεται, δι' ἑτέρου τοῦτο ποιήσει. λέγεται γάρ, ὡς εἰ ξεναγήσει σέ τις, μὴ πρότερον τούτῳ τὴν σεαυτοῦ πιστεύσῃς σωτηρίαν πρὶν ἢ τὴν τούτου διάθεσιν διαγνῷς, μὴ ταὐτόν τι πάθῃς τῷ τοῦ φθειρός.

(34) φθεὶρ γάρ τις, ὥς φασι, δεμνίοις τινὸς τῶν μεγιστάνων ἐπὶ μακρὸν ἐκρύπτετο χρόνον τρεφόμενος τῷ αἵματι αὐτοῦ ὑπνώττοντος καὶ ἠρέμα τούτῳ προσέρπων. μιᾷ δὲ τῶν νυκτῶν κατέλυσέ τις ψύλλα παρ' αὐτῷ, ἥτις ἀνυποστόλως καὶ αὐθαδῶς πλήξασα τὸν ἄνδρα ὑπνώττοντα ἐξύπνισε. καὶ εὐ-

wenn er an die Leine gebunden ist und gezogen wird, aber aufrecht erscheint, wenn der Hund von der Leine befreit ist, und wieder ein Stab wird. Und wisse, o König, dass derjenige, der auch beschwerliche Worte nicht von denen annimmt, die wohlwollend zu ihm sprechen, dem Kranken gleicht, der den Einsatz von bitteren und nützlichen Arzneien ablehnt und nicht auf den Arzt hört. Und wisse dazu auch gut, dass der stärkere unter den Untertanen und Freunden der ist, der Wohlwollen hat, dass bei den Werken das besser ist, das einen guten Ausgang hat, und beim Lob das, welches von den guten Männern gesprochen wird, bei den Anführern aber derjenige, der nicht von viel Mühe zerrissen ist, und bei den Freunden derjenige, der nicht eifersüchtig ist. Man erzählt nämlich auch dies, dass es man eher wählen sollte, auf feurigen Kohlen und auf Schlangen zu sitzen, als im Schlaf einen unter denen aus seiner Umgebung zu haben, der einem nach dem Leben trachtet.

Der Löwe sagte: Du sprichst sehr vernünftig und streng, aber selbst, wenn wir annehmen, dass der Stier so feindlich gegen uns eingestellt ist, was kann er tun, da er ein Grasfresser ist, während ich ein Fleischfresser bin? Eher hat die Natur ihn für mich als Speise bereitet!

Der Ichnelates sagte: Lasse dich von diesem Gedanken nicht irre machen. Wenn der Stier dich nicht von sich aus stürzen kann, wird er es durch andere tun. Man erzählt nämlich, dass man, wenn man einen Gast aufnimmt, ihm nicht eher sein Wohl anvertrauen soll, als bis man seine Gesinnung kennt, damit man nicht dasselbe erleidet wie die Laus.

(34) Eine Laus hatte sich, wie man sagt, für lange Zeit im Bett eines der Vornehmen verborgen und sich von seinem Blut ernährt, wenn er schlief und sie sanft zu ihm hinschlich. Eines Nachts traf ein Floh bei ihr ein, der den schlafenden Mann so unvorsichtig und so heftig biss, dass er aufwachte. Und sofort

θὺς ὁ τοιοῦτος τὴν ἑαυτοῦ στρωμνὴν ψηλαφήσας καὶ τὸν φθεῖρα εὑρὼν ἀπέκτεινε τῆς ψύλλης ταχέως ἐκπηδησάσης καὶ σωθείσης.

(35) εἰ οὖν σὺ τὸν ταῦρον οὐ φοβῇ, τοὺς ὑπὸ σὲ δειλιάσεις ἐπανισταμένους.

ὁ δὲ λέων τοῖς τοιούτοις λόγοις πεισθεὶς ἔφη· καὶ τί δεῖ ποιεῖν;

ὁ δὲ Ἰχνηλάτης φησίν· ὁ τετριμμένος ὀδοὺς οὐκ ἄλλως ἰᾶται, εἰ μὴ ἐκβληθῇ, καὶ τῆς διαφθαρείσης τροφῆς ἡ βλάβη διὰ τοῦ ἐμέτου ἀποδιώκεται.

ὁ δὲ λέων ἔφη· δηλώσω τούτῳ ἀπελθεῖν, ἔνθα βούλεται.

ὁ δὲ Ἰχνηλάτης εἰδώς, ὡς εἰ ὁμιλήσει ὁ ταῦρος τῷ λέοντι, ἀποκαλυφθήσεται μεταξὺ αὐτῶν ἡ τούτου σκαιωρία, εἶπεν· οὐ συνορῶ τοῦτο λυσιτελὲς εἶναι. εἰ γὰρ διαγνώσεται ὁ ταῦρος, ὡς παρὰ σοῦ ἐφωράθη, ἀναιδείᾳ χρήσεται καὶ πρὸς ἀντιπαράταξιν παρασκευασθήσεται. οἱ γὰρ συνετώτατοι βασιλεῖς φανερῶς μὲν τιμωροῦσι τὸν προδήλως ἁμαρτήσαντα, κρυφίως δὲ τὸν ἀδήλως.

ὁ δὲ λέων εἶπεν· ὅτε βασιλεὺς ἐξ ὑπολήψεως ἐπενέγκῃ τινὶ τιμωρίαν καὶ ἀτιμίαν, καὶ μὴ ἀληθὴς δειχθῇ ἡ ὑπόληψις, ἑαυτὸν μᾶλλον ἠτίμωσεν.

ὁ δὲ Ἰχνηλάτης ἔφη· ὅτε εἰσέλθῃ πρὸς σὲ ὁ ταῦρος, ἕτοιμος ἔσο. ἐκ γὰρ πρώτης ὀφθαλμοῦ ἐπιβολῆς διαγνώσῃ τὸ βούλημα αὐτοῦ. ὄψει δὲ ὠχρὸν τὸν τοιοῦτον καὶ ὑπότρομον τὰ μέλη καὶ ἐπὶ δεξιὰ καὶ ἐπ' ἀριστερὰ μετακλίνοντα καὶ κερατίσαι βουλόμενον.

tastete dieser sein Bett ab, fand die Laus und tötete sie, während der Floh rasch davonsprang und sich rettete.

(35) Wenn du den Stier nicht fürchtest, wirst du deine Untertanen fürchten.

Der Löwe ließ sich von diesen Worten überzeugen und sagte: Was soll ich tun?

Der Ichnelates sagte: Ein fauler Zahn wird nicht anders geheilt, als dass man ihn ausreißt, und der Schaden von verdorbener Nahrung wird durch Erbrechen beseitigt.

Der Löwe sagte: Ich will ihm ankündigen, er könne hingehen, wohin er will.

Der Ichnelates wusste, dass der Stier, wenn er mit dem Löwen spräche, zwischen ihnen seine (des Ichnelates) Hinterlist offenbaren würde, und sagte: Ich sehe nicht, dass dies nützlich ist. Wenn nämlich der Stier erkennt, dass er von dir ertappt worden ist, wird er seine Unverschämtheit nutzen und sich zum Widerstand vorbereiten. Die verständigsten Könige bestrafen vielmehr öffentlich diejenigen, die offenkundig Verfehlungen begangen habe, heimlich aber diejenigen, die im Verborgenen agiert haben.

Der Löwe sagte: Wenn der König auf einen Verdacht hin jemandem Strafe und Ehrverlust zuweist und sich der Verdacht als nicht wahr erweist, hat er sich selbst mehr entehrt.

Der Ichnelates sagte: Wenn der Stier zu dir hineinkommt, sei bereit. Vom ersten Augenblick an wirst du erkennen, was er im Sinn hat. Du wirst sehen, dass er blass ist und an den Schenkeln zittrig, sich nach rechts und links neigt und mit seinen Hörnern stoßen will.

ὁ δὲ λέων εἶπεν· εἰ τοιαῦτα σημεῖα ἴδω, πληροφορηθήσομαι τὰ εἰρημένα.

ἐβουλήθη οὖν ὁ Ἰχνηλάτης πρὸς τὸν ταῦρον ἀπελθεῖν καὶ διεγεῖραι αὐτὸν κατὰ τοῦ λέοντος, καὶ συνεῖδε μὴ ἄνευ εἰδήσεως τοῦ λέοντος προσομιλῆσαι αὐτῷ, μήπως ἀκούσας ὁ λέων τοῦτο διαγνῷ τὸν δόλον, καὶ εἶπεν· εἰ προστάξεις με, ὦ βασιλεῦ, ἀπελεύσομαι πρὸς τὸν ταῦρον καὶ ἴδω τὴν τούτου διάθεσιν καὶ οὐ λήσεταί με ἡ διάνοια αὐτοῦ ἐκ πρώτης ὁμιλίας. καὶ προσέταξεν ὁ λέων αὐτῷ ἀπελθεῖν.

(36) καὶ καταλαβὼν πρὸς τὸν ταῦρον εἰσῆλθε σκυθρωπὸς καὶ κατηφής. ὁ δὲ ταῦρος εὐμενῶς προσεδέξατο τοῦτον καὶ περὶ τῆς βραδυτῆτος ἐπήρετο καὶ εἶπε· πάντως ἀγαθὸν τὸ ταύτης αἴτιον;

ὁ δὲ Ἰχνηλάτης ἔφη· καὶ ποῖον πάρεστιν ἀγαθὸν τῷ μὴ ἑαυτοῦ κυριεύοντι, ἀλλ' ἑτέρου ἀνηρτημένῳ ἀπίστου καὶ ἀβεβαίου;

ὁ δὲ ταῦρος εἶπε· μή τι γέγονε καινόν;

ὁ δὲ Ἰχνηλάτης ἔφη· καὶ τίς δυνήσεται τὴν εἱμαρμένην διεκφυγεῖν ἢ τίς τοῖς ἡγεμόσι παρεδρεύων καὶ ἐξυπηρετῶν ἀβλαβὴς ἀπαλλαγῇ; ἐοίκασι γὰρ πόρναις γυναιξίν, αἵτινες πολλοῖς ἀνδράσι συζεύγνυνται καὶ ὑποχωροῦσιν ἑτέρων ἀνθ' ἑτέρων εἰσερχομένων καὶ ἀμαυρούντων τὴν μεταξὺ αὐτῶν συστᾶσαν φιλίαν.

κἀν τούτῳ πάνυ ἄχθομαι τῷ αἴτιόν με γενέσθαι σοι τῆς πρὸς τὸν λέοντα ἀφίξεως, ὅ με καὶ πείθει εὐνοϊκώτατά σοι προσομιλῆσαι. εἶπε γάρ μοί τις τῶν πιστοτάτων καὶ ἀληθῶν, ὡς ὁ λέων εἶπε πρός τινα τῶν ὑπ' αὐτόν, ὅτι ὁ λέων βούλεταί σε φαγεῖν διὰ τὸ λιπανθῆναι καὶ ὀγκωθῆναί σε. καὶ

Der Löwe: sagte: Wenn ich diese Zeichen sehe, werde ich das Gesagte für richtig halten.

Es wollte nun der Ichnelates zum Stier gehen und ihn gegen den Löwen aufbringen; er wusste, dass er ohne Wissen des Löwen mit ihm sprechen musste, damit der Löwe nichts hörte und die List erkannte, und sagte: Wenn du es mir befiehlst, o König, werde ich zum Stier gehen und seine Verfassung sehen; er wird seine Absicht vor mir nach der ersten Begegnung nicht verbergen können. Der Löwe befahl ihm, fortzugehen.

(36) Er traf beim Stier ein und ging mit einer düsteren Miene und niedergeschlagen hinein. Der Stier empfing ihn wohlwollend, befragte ihn wegen der Verspätung und sagte: Ist der Grund dafür ganz gut?

Der Ichnelates sagte: Welches Gute soll es für den geben, der nicht sein eigener Herr ist, sondern von einem anderen Treulosen und Unbeständigen abhängig ist?

Der Stier sagte: Was ist denn Neues geschehen?

Der Ichnelates sagte: Wer kann dem Schicksal entfliehen oder wer, der den Anführern beisaß und diente, ohne Schaden davonkommen? Sie gleichen den Huren, die mit vielen Männern schlafen und umherlaufen, während einer nach dem anderen hereinkommt, und verdunkeln so die zwischen ihnen bestehende Freundschaft.

Und besonders daran leide ich, dass ich der Grund dafür bin, dass du zum Löwen gekommen bist, was mich nun dazu bringt, mir dir sehr wohlwollend zu sprechen. Es sagte mir einer der treuesten und wahren (Höflinge), dass der Löwe zu einem von seinen Untertanen gesagt hat, dass der Löwe dich fressen will, da du dick und fett geworden bist. Als ich das

τοῦτο ἀκούσας ἦλθον δηλῶσαί σοι τὸν σκοπὸν αὐτοῦ, ἵνα περιποιήσῃ σαυτῷ τὸ ἀσφαλές.

ὡς οὖν ἤκουσεν ὁ ταῦρος τῶν τοιούτων λόγων, ἐφρόντισε κατὰ πολὺ καὶ σύννους γεγονὼς εἶπε· καὶ τί κακὸν ἔδρασα πρὸς τὸν λέοντα ἢ πρός τινα τῶν περὶ αὐτόν, ἵνα τοιαῦτα περὶ ἐμοῦ διανοηθῇ; ἀλλ' οἱ περὶ αὐτὸν πονηροὶ ὄντες κατεψεύσαντό μου τῷ φθόνῳ φερόμενοι. ἡ γὰρ τῶν μοχθηρῶν ὁμιλία ἐναντίας ἀπογεννᾶν εἴωθεν ὑπολήψεις περὶ τοὺς ἀγαθούς.

ὁ δὲ Ἰχνηλάτης ὑπολαβὼν εἶπεν· οὐκ ἔστι τοῦτο αἴτιον ταύτης αὐτοῦ τῆς πρὸς σὲ διαθέσεως, ἀλλ' ἔστιν ἀεὶ ἄστατος, ἄφιλος, ἀγνώμων, ἀβέβαιος, πρῶτον μὲν γλυκύς, εἶτα πικρὸς φαινόμενος.

ὁ δὲ ταῦρος εἶπε· καλῶς εἶπας. ἐγευσάμην γὰρ τῆς γλυκύτητος αὐτοῦ καὶ πρότερον, καὶ κατήντησα μέχρι τοῦ πικροῦ τούτου δηλητηρίου. καὶ τί με δεῖ διάγειν παρὰ λέοντι αἱμοβόρῳ χλοηνόμος ὤν; ἀλλ' ἡ πλεονεκτικὴ γνώμη τοιούτῳ με συμπτώματι περιέπλεξε παρόμοιόν τι παθόντα ταῖς ἄφροσι μελίσσαις, αἵτινες ἀσπαστὸν ποιούμεναι τὸ καθῆσθαι τοῖς τῆς νυμφαίας ἄνθεσιν οὐ πρότερον ἀφίστανται, πρὶν ἢ συμμιγέντων ἐπὶ ταύταις τῶν φύλλων ἀποπνιγῶσιν.

ὁ γὰρ μή τε τοῖς ὀλίγοις ἀρκούμενος ἐν τῷ βίῳ ἀλλ' ἐκτείνων τὸν ὀφθαλμὸν ἐπὶ τὰ πόρρωθεν καὶ μὴ διαλογιζόμενος τὰ ἔμπροσθέν τε καὶ ὄπισθεν πείσεται τὸ τῶν μυιῶν, αἵτινες οὐκ ἀρκοῦνται τοῖς δένδροις καὶ τοῖς ἄνθεσιν, ἀλλ' ἐνίοτε περιπέτονται τῷ ῥύπῳ τῶν ὤτων τοῦ ἐλέφαντος, καὶ διὰ τοῦτο πολλάκις θνήσκουσι πληγεῖσαι.

ὁ δὲ Ἰχνηλάτης εἶπεν· ἄφες τὰ πολλὰ καὶ τὰ καίρια σκόπει βουλὴν ἐφευρών, ἥ σε σώσει τοῦ μόρου.

hörte, bin ich gekommen, um dir dieses Ziel zu offenbaren, damit du für dich Sicherheit erreichen kannst.

Als der Stier diese Worte hörte, dachte er lange nach, kam wieder zu sich und sagte: Welches Übel habe ich dem Löwen oder einem von denen um ihn herum getan, dass er solche Gedanken über mich hat? Doch sind die um ihn herum boshaft und haben mich verleumdet, vom Neid bestimmt. Das Gespräch mit Schlechten pflegt widrigen Argwohn gegen die Guten hervorzubringen.

Der Ichnelates sagte darauf: Es ist nicht dieses der Grund für seine Haltung dir gegenüber, sondern er ist immer unstet, unfreundlich, unverständig und unbeständig; zunächst erscheint er süß, dann aber bitter.

Der Stier sagte: Gut hast du gesprochen. Ich habe schon früher von seiner Süße gekostet und bin nun bis zum bitteren Gift gekommen. Doch was muss ich beim Fleisch fressenden Löwen leben, der ich ein Grasfresser bin? Aber das Mehr-Haben-Wollen hat mich in dieses Unglück irregeleitet, der ich etwas Ähnliches wie die unvernünftigen Bienen erlebe, die es lieben, auf den Nymphen-Blumen zu sitzen, und nicht eher weichen, als bis diese, wenn sich ihre Blätter zusammenziehen, sie ersticken.

Wer nicht mit dem Wenigen im Leben auskommt, sondern sein Auge auf etwas in der Ferne richtet, wird vorher und nachher erleiden, was den Fliegen geschieht, denen die Bäume und die Blüten nicht genügen, sondern die manchmal um den Schmutz in den Ohren des Elefanten fliegen und deshalb oft geschlagen werden und sterben.

Der Ichnelates sagte: Lasse das viele, achte auf den günstigen Zeitpunkt und finde Rat, der dich vor dem Schicksal rettet.

ὁ δὲ ταῦρος εἶπεν· ὁ μὲν τοῦ λέοντος σκοπὸς ἀκέραιός ἐστιν, οἱ δὲ περὶ αὐτὸν πονηροὶ ὄντες οὐκ ἐῶσι τοῦτον ἀγαθύνεσθαι. καὶ τὸ τοιοῦτον σύστημα πολλάκις, κἂν ἀδύνατον ᾖ, ἀναιρεῖ τὸν ἀθῷον καὶ ὅσιον, ὥσπερ ὁ λύκος καὶ ὁ κόραξ καὶ ὁ θὼς ἔδρασαν εἰς τὸν λέοντα.

(37) λέγεται γάρ, ὡς λέων τις παρά τινι διῃτᾶτο ὕλῃ, ἧς πλησίον ὁδός τις ἦν. ἦσαν δὲ ἐκεῖσε τρία ζῷα ἀλλήλοις ἐμφιλούμενα· λύκος καὶ κόραξ καὶ θώς. ἐμπόρων δέ τινῶν ποτε διερχομένων ἀπελείφθη ἐξ αὐτῶν κάμηλος, ἥτις πρὸς τὸν λέοντα εἰσελθοῦσα ἀνήγγειλε τὰ κατ' αὐτήν. ὁ δὲ λέων εἶπεν αὐτῇ· εἰ [βουλητὸν] ἐφεῖταί σοι τοῦτο, μεῖνον μεθ' ἡμῶν καὶ διάξεις ἐν ἀμεριμνίᾳ καὶ βίου εὐθηνίᾳ καὶ ἀνέσει τὸν πάντα σου τῆς ζωῆς χρόνον. καὶ διέμεινεν ἐκεῖσε, ἄχρις ὅτου μιᾷ τῶν ἡμερῶν ἐξελθὼν ὁ λέων ἐπὶ θήρᾳ συνήντησεν ἐλέφαντι καὶ συνεπλάκη τούτῳ καὶ ὑπὸ τῆς βίας τραυματισθεὶς ὑπέστρεψε καθῃμαγμένος τὰς σάρκας καὶ ἀνεκλίθη τῇ νόσῳ δεδαμασμένος μήτε θηρεῦσαι δυνάμενος μήθ' ἑτέρωθεν μεταβῆναι. ἐπέλειψαν οὖν αἱ τροφαὶ τοῖς περὶ αὐτὸν καὶ ἔγνω ὁ λέων τὸ τοιοῦτο καὶ εἶπεν αὐτοῖς· ὡς οἶμαι, ἀπειρήκατε. οἱ δὲ εἶπον· ἡμεῖς μὲν φροντίσαι δυνάμεθα περὶ ἑαυτῶν, περὶ σοῦ δὲ μόνον ἀλύομεν. καὶ εἴ γε ἠδυνήθημεν εὑρεῖν πόρον, δι' οὗ σὺ μὲν οὐ βλαβήσῃ, ἀλλ' ὠφεληθήσῃ, ἡμεῖς δὲ βλαβησόμεθα, προθύμως ἂν τὸ τοιοῦτον ἐπράξαμεν. ὁ δὲ εἶπεν· οὐκ ἐνδοιάζω περὶ τὴν ὑμετέραν εὔνοιαν, ἀλλὰ διασκεδάσθητε πανταχοῦ, εἴ πως ἂν εὑρήσητε τὰ αὐτάρκη ὑμῖν τε κἀμοί. οἱ δὲ ἔγγιον ἀναχωρήσαντες διελογίσαντο πρὸς ἀλλήλους λέγοντες· τί ἡμῖν καὶ τῇ καμήλῳ ταύτῃ τῇ χλοηνόμῳ ἑτεροφυεῖ οὔσῃ παρ' ἡμᾶς καὶ ἑτεροουσίῳ; ἀλλ' εἰ δοκεῖ, διερεθίσωμεν τὸν λέοντα ταύτην καταφαγεῖν. ὁ δὲ λυκοπάνθηρος εἶπε· τοῦτο ἀδύνατον ἡμῖν ἐστιν ἀριδήλως διασαφῆσαι τῷ λέοντι ἤδη συνθήκας πρὸς ταύτην ποιησαμένῳ. ὁ δὲ κόραξ εἶπε· μείνατε ἐνταῦθα καὶ ἐάσατέ με κἀκεῖνον. εἶτα ἀπηλλάγη. ὡς οὖν εἶδεν αὐτὸν ὁ λέων, εἶπεν· ἆρά γε ἐπῄσθου τινὸς ἢ διέγνως; ὁ δὲ εἶπε· πῶς διαγνώ-

Der Stier sagte: Das Ziel des Löwen ist rein, die um ihn herum sind boshaft und lassen ihn nicht gut handeln. Auch wenn diese Schar machtlos ist, tötet sie oft den Unschuldigen und Reinen, wie es der Wolf, der Rabe und der Schakal beim Löwen getan haben.

(37) Man erzählt nämlich: Ein Löwe wohnte in einem Wald, in dessen Nähe eine Straße war. Es gab dort drei Tiere, die miteinander befreundet waren: ein Wolf, ein Rabe und ein Schakal. Als einige Kaufleute hier vorbeikamen, wurde von ihnen ein Kamel zurückgelassen, das zum Löwen hineinging und ihm sein Schicksal erzählte. Der Löwe sagte zu ihm: Wenn es dir recht ist, bleibe bei uns; du wirst in Sicherheit und Fülle dein Leben zubringen können und alles wird für dich die ganze Zeit deines Lebens in Ruhe sein. Es blieb dort, bis eines Tags der Löwe zur Jagd herauskam, auf einen Elefanten stieß, von diesem geschlagen wurde und von der Gewalt verletzt zurückkehrte, am Körper mit Blut bespritzt; er legte sich von der Krankheit gefesselt nieder und konnte nicht jagen und auch nicht anderswohin gehen. Es fehlten also die Nahrungsmittel für die um ihn herum; dies verstand der Löwe und sagte zu ihnen: Wie ich meine, seid ihr erschöpft. Sie sagten: Wir können für uns selbst sorgen, aber allein um dich sind wir besorgt. Wenn wir einen Weg finden könnten, durch den du keinen Schaden erleidest, sondern Nutzen hast, würden wir selbst Schaden annehmen und es bereitwillig für dich tun. Er sagte: Ich zweifle nicht an eurem Wohlwollen, aber verteilt euch überall, ob ihr irgendwo etwas findet, das für euch und mich genügt. Sie waren noch nicht weit fortgelaufen, überlegten miteinander und sagten: Was ist uns mit diesem Kamel, das Gras frisst und von anderem Stamm und Wesen bei uns ist? Wenn es recht ist, werden wir den Löwen dazu anreizen, es zu essen. Der Schakal sagte: Das ist uns unmöglich, deutlich dem Löwen zu sagen, der doch schon einen Vertrag mit ihm geschlossen hat. Der Rabe sagte: Bleibt hier und lasst mich zu ihm. Als nun der Löwe ihn sah, sagte er: Hast du etwas erfahren oder verstanden? Er sagte: Wie soll das,

σεται τὰ περὶ αὐτὸν ὁ μὴ ὄψεως εὐπορῶν; ἡμεῖς γὰρ ἀφηρέθημεν ταύτην, δι' ἣν ὑπέστημεν ἔνδειαν, ἀλλὰ δυνάμεθα ἀνακληθῆναι, εἰ ἐπακούσεις ἡμῶν καὶ πατάξεις τὴν μεταξὺ ἡμῶν ἀναστρεφομένην κάμηλον. ὁ δὲ ὀργισθεὶς εἶπε· βαβαὶ τῆς ἀπηνείας καὶ τῆς τραχύτητός σου. οὐκ οἶσθα, ὡς συνθήκας καὶ φιλικὰ σύμφωνα πρὸς αὐτὴν πεποίηκα; οὐκ ἔδει σε τοιούτοις μοι προσομιλῆσαι ῥήμασιν. ἀδύνατόν μοι τὸ τοιοῦτον καθέστηκεν. ὁ δὲ κόραξ εἶπε· καλῶς ἔκρινας, ὦ βασιλεῦ, ἀλλὰ μία ψυχὴ ὑπὲρ ὅλου οἴκου προδίδοται, καὶ οἶκος ὅλος ὑπὲρ πόλεως, καὶ πόλις ὑπὲρ κλίματος, καὶ κλίμα ὑπὲρ βασιλέως. καὶ ἡμεῖς καὶ σὺ κατατρυχόμεθα νῦν τῇ τῶν ἀναγκαίων ἐνδείᾳ, ἀλλ' εὑρήσομέν σοι πόρον, δι' οὗ διατηρηθήσῃ πάσης ὑπέρτερος μέμψεως. καὶ ταῦτα εἰπὼν ἐπανέζευξε πρὸς τοὺς ἑταίρους αὐτοῦ καὶ ἀνήγγειλεν αὐτοῖς, ὅσα τε εἶπε τῷ λέοντι καὶ ὅσα παρ' αὐτοῦ ἤκουσεν. οἱ δὲ τοιοῦτον δόλον συνέρραψαν ὥστε ὁμοῦ πάντες σὺν τῇ καμήλῳ προσελθεῖν τῷ λέοντι καὶ ἕκαστον πρὸς διατροφὴν αὐτοῦ εἰπεῖν δοῦναι ἑαυτόν, τοὺς δὲ λοιποὺς ἀπολῦσαι ὑπὲρ ἑκάστου ἀπολογίαν ποιήσασθαι πλὴν τῆς καμήλου. καὶ τοῦτο σκαιωρήσαντες προσῆλθον τῷ λέοντι. καὶ πρῶτος ὁ κόραξ εἶπεν· ὁρῶμέν σε, ὦ βασιλεῦ, πάνυ τῇ νόσῳ καταβεβαρημένον καὶ τῇ ἀτροφίᾳ κατεχόμενον καὶ πολλαί σου αἱ πρὸς ἡμᾶς πρότερον εὐποιΐαι, καὶ οὐκ ἔχω, ὅ τι γε προσοίσω σοι, εἰ μὴ μόνον ἐμαυτόν. λοιπὸν οὖν ἀνυποστόλως με κατέσθιε. οἱ δὲ εἶπον· παῦσαι τοῦ λήρου. βραχὺς γὰρ εἶ τὸ σῶμα καὶ μηδαμινός. ὁ δὲ θὼς εἶπεν· ἀλλ' ἐγώ σοι, ὦ βασιλεῦ, ἱκανὴ τροφὴ σήμερον ἔσομαι. ὁ δὲ λύκος ἔφη· παῦσαι καὶ σύ. δυσῶδες γάρ σου τὸ σῶμα καὶ πρὸς τροφὴν ἀνεπιτήδειον· μᾶλλον ἐγὼ πρὸς τοῦτο ἑτοιμότερός τε καὶ εὐθετώτερος. ὁ δὲ κόραξ καὶ ὁ θὼς ἀπεκρίναντο· εἴ τις βούλεται κυνάγχῃ περιπεσεῖν, ἀπογευσάσθω σου. ὑπέλαβεν οὖν ἡ κάμηλος, ὡς καὶ ὑπὲρ αὐτῆς ἀπόλογον ποιήσονται, καὶ εἶπεν· ἀλλ' ἐγὼ καὶ σαρκῶν εὐπορῶ ἱκανῶς καὶ ἡδυτάτη τῷ βουλομένῳ τροφή εἰμι. οἱ δὲ ὁμοῦ ἔφασαν· ἀληθέστατα ἔφης, κάμηλε. καὶ διεσπάραξαν αὐτήν.

was ihn betrifft, der erkennen, der keine gute Sicht hat? Wir haben sie nämlich durch den Mangel verloren, in dem wir stehen, aber wir können herausgezogen werden, wenn du auf uns hörst und das Kamel schlägst, das inmitten von uns verweilt. Er wurde zornig und sagte: Wehe dieser Härte und deiner Rauheit! Weißt du nicht, dass ich Verträge und freundschaftliche Vereinbarungen mit ihm geschlossen habe? Du hättest mich nicht mit solchen Reden ansprechen dürfen. Etwas Unmögliches hast du mir da geraten. Der Rabe sagte: Gut hast du geurteilt, o König, aber eine einzige Seele wird für ein ganzes Haus verraten, ein ganzes Haus für eine Stadt, eine Stadt für eine Region und eine Region für den König. Sowohl wir als auch du sind jetzt vom Zwang des Notwendigen aufgerieben, aber wir werden dir einen Weg finden, durch den du vor allem weiteren Tadel bewahrt wirst. Dies sagte er und brach wieder zu seinen Gefährten auf; ihnen erzählte er, was der dem König gesagt und was er von ihm gehört hatte. Sie fädelten nun eine List ein, dass alle zusammen mit dem Kamel zum König kommen und jeder sagen sollte, dass er sich ihm als Speise anbiete; die übrigen aber sollten für jeden eine Verteidigung machen, außer für das Kamel. Dies heckten sie aus und gingen zum König. Als erster sagt der Rabe: Wir sehen, o König, dass du ganz von der Krankheit niedergedrückt und vom Hunger festgehalten bist und es viele früheren Wohltaten für uns gibt; ich aber habe nichts, was ich dir anbieten kann, als mich selbst. Im Übrigen also iss mich ohne Scheu. Sie sagten: Höre mit dem Geschwätz auf. Klein nämlich ist dein Körper und nichtswürdig. Der Schakal sagte: Aber ich werde dir, o König, heute ausreichend Speise sein. Der Wolf sagte: Höre auch du auf. Übelriechend ist dein Körper und als Speise ungeeignet. Viel mehr bin ich dafür bereit und gut geeignet. Der Rabe und der Schakal antworteten: Wenn einer der Halsbräune (Rachendiphtherie) verfallen will, soll er dich essen. Darauf sagte das Kamel, damit sie auch für es eine Verteidigung machen würden: Aber ich habe an Fleisch mehr als genug und bin für jeden eine sehr süße Speise. Sie aber riefen zusammen: Du sagst das Allerwahrste, Kamel – und zerrissen es.

(38a) δέδοικα οὖν κἀγώ, μὴ ταὐτόν τι πάθω τῇ καμήλῳ παρὰ τῶν ὑπηκόων τοῦ λέοντος μὴ βουλομένου αὐτοῦ τὴν ἐμὴν ἀπώλειαν. ῥανὶς γὰρ ἐνδελεχοῦσα κοιλαίνει πέτραν. ἀλλ' ἑτοιμασθήσομαι λοιπὸν πρὸς ἀντιπαράταξιν τοῦ λέοντος. οὔτε γὰρ τοσοῦτος μισθὸς ἀποταμιεύεται τῷ πολλὰ εὐχομένῳ ἢ τῷ ἱλαρῷ δότῃ ἢ τῷ ἀσκητῇ, ὅσος τῷ ἑαυτὸν θανάτου ῥυομένῳ πρὸς μίαν καιροῦ ῥοπήν.

ὁ δὲ Ἰχνηλάτης εἶπεν· οὐ δεῖ τινα κινδυνώδει πράγματι δι' ἑαυτοῦ προσπλακῆναι. καὶ γὰρ ὁ ἐχέφρων ἀνὴρ μετὰ πᾶσαν ἄλλην μέθοδον ὕστερον τῷ πολέμῳ ἐπιχειρεῖ. οὐ δεῖ δὲ καταφρονεῖν τοῦ ἐχθροῦ, καὶ εἰ ἀδύνατός ἐστι, καὶ μάλιστα εἰ συνέσει κατωχύρωται.

(39b) οὐκοῦν ἐπάκουσόν μου εὐνοϊκῶς σοι προσομιλοῦντος. ὁ γὰρ μὴ τοὺς ὀνησιφόρους λόγους παρὰ τῶν φίλων δεχόμενος ταὐτόν τι πείσεται τῷ τῆς χελώνης.

(40) λέγεται γάρ, ὡς ἔν τινι λίμνῃ διῃτῶντο νῆσσαι δύο καὶ χελώνη ἀλλήλαις ἐμφιλούμεναι. ποτὲ δὲ τῶν ἡμερῶν ἀπέλειψε τὸ τῆς λίμνης ὕδωρ καὶ διὰ τοῦτο δεῖν ᾠήθησαν αἱ νῆτται μεταστῆναι ἐπὶ ὕδωρ ἕτερον. ὡς οὖν ἔμενον τὸν πτερυγμόν, εἶπεν αὐταῖς ἡ χελώνη· ὑμῖν μὲν οὐδὲν μελήσει περὶ τῆς τοῦ ὕδατος λείψεως, ἀλλ' ἐμοί, τῇ ἀθλίᾳ, μὴ ἐχούσῃ πόρον ζωῆς ἑτέρωθεν. ἀλλ' ἄρατέ με ἀπὸ τῶν ὧδε καὶ μεταστήσατέ με σὺν ὑμῖν. αἱ δὲ εἶπον· εἰ μὴ πρότερον ἐπομόσεις ἡμῖν, ὡς οὐδένα λόγον εἴπῃς παρ' ἡμῶν φερομένη, οὐκ ἄν σε μετοικίσωμεν. ἡ δὲ ἐπωμόσατο. καὶ λαβοῦσαι αἱ νῆτται ξύλον ἀπευθυσμένον ἐπέτρεψαν ταύτῃ δακεῖν τὸ μέσον αὐτοῦ καὶ συλλαβοῦσαι ἑκάστη τὸ τοῦ ξύλου ἄκρον ἦραν εἰς ἀέρα δι' αὐτοῦ τὴν χελώνην. ἔτυχον δέ τινες τηνικαῦτα διερχόμενοι κάτωθεν, καὶ ἰδόντες τὴν χελώνην ἀνηρτημένην ἐθαύμασαν λέγοντες· ἴδετε τέρας, χελώνην μεταξὺ δύο

(38a) Ich fürchte auch selbst, dass ich dasselbe wie das Kamel von den Untertanen des Löwen erleide, auch wenn er nicht meinen Untergang wünscht. Der stete Tropfen höhlt den Stein. Aber ich werde mich im Übrigen auf den Widerstand gegen den Löwen vorbereiten. Es bewahrt sich nämlich nicht so großen Lohn, wer viel betet, ein fröhlicher Geber oder ein Asket ist, wie derjenige, der sich vor dem eigenen Tod auch nur für eine kurze Zeit schützt.

Der Ichnelates sagte: Man darf sich nicht in eine solche gefährliche Sache für sich selbst stürzen. Der vernünftige Mann versucht nach jeder anderen Methode erst später den Krieg. Man darf nicht den Feind geringschätzen, auch wenn er machtlos ist, insbesondere wenn er sehr mit Verstand gewappnet ist.

(39b) Also höre mir zu, wenn ich voll Wohlwollen mit dir spreche. Wer die nutzbringenden Worte von den Freunden nicht annimmt, dem wird dasselbe geschehen wie der Schildkröte.

(40) Man erzählt nämlich: An einem Teich lebten zwei Enten und eine Schildkröte, die miteinander befreundet waren. Eines Tags nahm das Wasser des Teichs ab; deshalb meinten die Enten, sei müssten zu einem anderen Gewässer umziehen. Als sie den Abflug nicht mehr verzögern konnten, sagte ihnen die Schildkröte: Für euch ist der Rückgang des Wassers keine Sorge, aber für mich Unglückliche, die ich anderswoher keinen Weg zur Nahrung habe. Aber hebt mich von dem so beschaffenen Ort auf und zieht mich mit euch um. Sie sagten: Wenn du uns nicht vorher schwören wolltest, dass du kein Wort sprichst, wenn du von uns getragen wirst, würden wir dich nicht umziehen. Sie schwor. Und die Enten nahmen ein längliches Holz, trugen ihr auf, in dessen Mitte zu beißen, hoben jede ein Ende des Holzes an und dadurch auch die Schildkröte hoch. Zufällig kamen gerade unten einige Leute vorbei; sie sahen die emporgehobene Schildkröte, wunderten sich und sagten: Seht das Wunderzeichen – eine Schildkröte, die zwischen zwei Enten in der Luft

νηττῶν ἐν ἀέρι φερομένην. ἡ δὲ τοῦτο ἀκούσασα ἔφη· εἰς τὰ ἄνευ ὑμῶν. καὶ τῷ λέγειν τοῦτο ἀνοίξασα τὸ στόμα καὶ εἰς γῆν πεσοῦσα συνετρίβη.

(42b) ὁ δὲ ταῦρος εἶπεν· οὐχ οὕτως ἀναιδῶς ἐπιχειρήσω τῇ ἀπωλείᾳ τοῦ λέοντος.

ὁ δὲ Ἰχνηλάτης εἶπεν· εἰ ἴδῃς σημεῖα ἐν τῷ λέοντι τοιαύτης ὀργῆς, οἷον ὀφθαλμοὺς ἀγρίους καὶ αἱματώδεις καὶ ὁρμὴν ἀκατάσχετον καὶ κίνησιν τῆς οὐρᾶς συνεχῆ καὶ ταχεῖαν, τὰ λεγόμενα πληροφορήθητι.

(43) εἶτα εἰσῆλθον ὁ ταῦρος πρὸς τὸν λέοντα καὶ ἰδὼν τοῦτον ἠλλοιωμένον, καὶ ἃ προεῖπεν αὐτῷ ὁ Ἰχνηλάτης σημεῖα ἐμφαίνοντα θυμοῦ πλησθεὶς εἶπε· κρεῖττόν ἐστιν εἰλεῷ ὄφεως παροικεῖν ἢ βασιλεῖ. καὶ διανέστη πρὸς τὴν τοῦ λέοντος παράταξιν. ἰδὼν οὖν ὁ λέων τὸ τοιοῦτον συνεπλάκη αὐτῷ.

(44) παρὼν δὲ τὸ τηνικαῦτα ὁ Στεφανίτης εἶπε τῷ Ἰχνηλάτῃ· ἴδε τὸν δόλον, ὃν συνέρραψας, καὶ τὰ τῆς ἀποβάσεως σκόπησον. τὸν γὰρ λέοντα κατῄσχυνας καὶ τὸν ταῦρον ἀπώλεσας καὶ τὴν ὁμόνοιαν τῶν συστρατιωτῶν διεσκέδασας. οὐκ οἶσθα, ὡς ὁ συνετώτατος βασιλέως πρωτοσύμβουλος οὐκ ἐᾷ τοῦτον πολέμου προκατάρξασθαι, ἔνθεν δι' εἰρήνης τὸ πάθος ἰαθῆναι δύναται, καὶ εἰ δυνατώτεροι οἱ ἐχθροὶ εἶεν, διὰ μεθοδείας ἡττῆσαι τούτους; ἡ γὰρ φρόνησις τὰς πολλὰς χεῖρας νικᾷ. ἔγωγε οὖν ἀεὶ ὁρῶν σου τὴν οἴησιν καὶ τὴν πλεονεκτικὴν γνώμην ἔγνων, ὡς τοιούτων ἔργων κατατολμήσεις. οὐδὲν γὰρ ἕτερον καταβλάπτει τοὺς ἐξουσιαστὰς ὡς τὸ ἀκούειν καὶ δέχεσθαι λόγους παρὰ τῶν, οἷος εἶ σύ. κοσμεῖ γὰρ λόγον μὲν σύνεσις, ῥητορείαν δὲ δικαιοσύνη, μετάδοσιν δὲ ἱλαρότης, εἶδος δὲ ψυχῆς ὡραιότης, πλοῦτον δὲ ἡ πρὸς τοὺς δεομένους μετάδοσις καὶ ὑπόσχεσιν ἡ ἀφοσίωσις καὶ ζωὴν ἡ ὑγεία καὶ εὐφροσύνη. ἴσθι δὲ πρὸς τούτοις, ὡς διὰ τῆς γνώσεως νήφει μὲν ὁ συνετός, μεθύσκεται

getragen wird! Diese hörte dies und sagte: Und das ohne euch! Und durch dieses Sprechen öffnete sie ihren Mund, fiel auf die Erde und wurde zerschlagen.

(42b) Der Stier sagte: Nicht so unverschämt werde ich den Untergang des Löwen versuchen.

Der Ichnelates sagte: Wenn du die Zeichen beim Löwen für solchen Zorn siehst, etwa wilde und blutige Augen und unbändigen Drang und eine fortwährende und rasche Bewegung des Schwanzes, dann wird das Gesagte gewiss sein.

(43) Dann ging der Stier zum Löwen hinein, sah ihn verändert und auch, was der Ichnelates als Zeichen vorhergesagt hatte, und sagte voll Zorn: Besser ist es, in einer Schlangengrube zu wohnen als beim König. Und er stellte sich in Angriffsstellung vor den Löwen. Als der Löwe ihn so sah, fiel er über ihn her.

(44) Dann kam der Stephanites und sagte zum Ichnelates: Siehe, die List, die du eingefädelt hast, und betrachte das, was aus ihr wurde. Den Löwen hast du entehrt, den Stier verdorben und die Eintracht der Mitsoldaten zerstört. Weißt du nicht, wie der verständigste *Protosymboulos* eines Königs diesen keinen Krieg anfangen lässt, solange durch Frieden das Leid geheilt werden kann, und wenn die Feinde mächtiger sind, ihnen durch eine List eine Niederlage bereitet? Der Verstand nämlich besiegt die vielen Hände. Ich jedenfalls verstand nun deine Meinung und kannte dein Mehr-Haben-Wollen, so dass du solche Taten gewagt hast. Nichts anderes aber schadet dem Machthaber als Worte von Leuten, wie du einer bist, zu hören und anzunehmen. Es wird ein Wort von Verstand geschmückt, eine Rede von Gerechtigkeit, eine Mitteilung von Heiterkeit, eine Seelengestalt von Schönheit, Reichtum von der Gabe an die Bedürftigen, ein Versprechen von der Erfüllung und das Leben von Gesundheit und Frohsinn. Wisse dazu auch, dass durch die Erkenntnis der Verständige nüchtern ist, betrunken aber der

δὲ ὁ ἀσύνετος, καθάπερ πάσχει τὰ τῶν νυκτερίδων ὄμματα πρὸς τὸ φέγγος τὸ μεθ' ἡμέραν. καὶ ὁ βασιλεὺς τοιούτων περὶ αὐτὸν εὐπορῶν ὑπηκόων ἔοικεν ὕδατι πάνυ καθαρωτάτῳ καὶ διειδεῖ κροκοδείλων πλήρει, ᾧ τις οὐ πλησιάσει, κἂν δίψει καταφλέγηται. σὺ δὲ οὐδένα ἠθέλησας πλὴν σοῦ οἰκειωθῆναι τῷ λέοντι, ἀλλ' ἡ βασιλεία διὰ τῶν περὶ αὐτὴν συνίσταται, ὡς ἡ θάλασσα διὰ τῶν ἑαυτῆς κυμάτων. ἐν τούτοις γὰρ καὶ φοβερὰ τοῖς πλέουσι καθίσταται. ἀνόητον δὲ πάντῃ τὸ ἐπιχείρημα ἐπιπόλαιον φιλεῖν καὶ τὸ τὰ εἰκότα τῇ φιλίᾳ μὴ τηρεῖν καὶ τὸ δι' ἑτέρων βλάβης οἰκεῖαν ἐπισπᾶσθαι ὠφέλειαν. πρὸς τούτοις οἶδα τὰ τοιαῦτά σοι παραινῶν, ὡς ἀνηνύτοις ἐπιχειρῶ. φησὶ γάρ τις τῶν σοφῶν· *μὴ ἔλεγχε μωρούς, ἵνα μὴ μισήσωσί σε. ἔλεγχε σοφὸν καὶ ἀγαπήσει σε.*

(45) λέγεται γάρ, ὥς τινες πίθηκες ἔν τινι τῶν ὀρέων καθ' ὥραν χειμερινὴν διατρίβοντες καὶ ῥίγει σφοδρῷ συσχεθέντες ζωύφιόν τι πυροειδὲς εὗρον, καὶ τοῦτο πῦρ εἶναι ὑπολαβόντες ἐνεφύσων αὐτῷ ἱκανῶς. κόραξ δέ τις τούτους ἰδὼν κενῶς πονοῦντας ἔφη· μὴ πλανᾶσθε, ὦ οὗτοι. οὐ γὰρ πῦρ τὸ προκείμενον ὑμῖν. ὡς οὖν τούτου οὐκ ἤκουον, κατῆλθεν ἐπ' αὐτούς. ἰδὼν δέ τις αὐτὸν κατερχόμενον εἶπεν· ὦ κόραξ, μὴ μάτην κοπία, μηδ' ἐπιχειρήσῃς τὸν σκολιὸν εὐθῦναι καὶ τὸν ἀσύνετον συνετίσαι. οὐδεὶς γὰρ τὴν ἑαυτοῦ σπάθην ἐπὶ πέτρᾳ δοκιμάζει ἀτόμῳ. ὁ δὲ κόραξ μὴ ἐπιστραφεὶς τῆς τούτου παραινέσεως προσήγγισε τοῖς πίθηξι καὶ καταλαβόντες αὐτὸν διεσπάραξαν.

(46) οὕτω δὴ καὶ σὺ τῇ πονηρίᾳ καὶ φιλαυτίᾳ νικώμενος οὐκ ἀκούεις παραινέσεως καὶ ταὐτόν τι πείσῃ τῷ τοῦ πονηροῦ ἀνδρὸς τοῦ κοινωνοῦ τοῦ σχολαστικοῦ.

Unverständige, wie es auch bei den Fledermäusen geschieht, deren Augen durch das Licht am Tag schmerzen. Ein König, der viele solche Untertanen um sich hat, gleicht einem Wasser, das ganz rein und klar ist, aber auch voller Krokodile, und dem sich niemand nähert, auch wenn er vor Durst verbrennt. Du aber wolltest niemanden außer dir beim König wohnen lassen, aber die Königsherrschaft wird durch die um ihn herum errichtet, wie das Meer durch seine Wogen. Darin ist sie auch für die meisten furchterregend eingerichtet. Ganz unvernünftig ist der Versuch, nur die Oberfläche zu lieben, das, was zu einer Freundschaft gehört, nicht zu beachten und durch den Schaden anderer den eigenen Nutzen zu mehren. Dazu weiß ich, der dich so ermahnt, dass ich Vergebliches versuche. Es sagt ja einer der Weisen: Rüge nicht den Spötter, dass er dich nicht hasse; rüge den Weisen, der wird dich lieben (*Sprüche* 9,8).

(45) Man erzählt nämlich: Einige Affen lebten auf einem der Berge in der Winterzeit und wurden von großer Kälte befangen; sie fanden ein feuerartiges Tierchen, glaubte es sei Feuer und bliesen es heftig an. Ein Rabe, der sie sich vergeblich abmühen sah, sagte: Irrt euch nicht, ihr da! Das euch Vorliegende ist nämlich kein Feuer. Da sie dies nicht hörten, kam er zu ihnen herunter. Als einer sah, wie er herunterkam, sagte er: O Rabe, mühe dich nicht vergeblich ab, du wirst das Krumme nicht gerade und den Unverständigen nicht verständig machen. Der Rabe kümmerte sich aber nicht um diese Mahnrede, sondern näherte sich den Affen; die ergriffen und zerrissen ihn.

(46) So hörst auch du, von der Boshaftigkeit und Selbstliebe besiegt, nicht auf die Mahnrede, und wirst dasselbe erleiden wie der Boshafte, der mit einem *Scholastikos* gemeinsame Sache machte. (Ein *Scholastikos* ist jemand, der Muße zum Lernen hat oder gehabt hat, also ein Schüler oder Studierter. Viele Witze des *Philogelos* etwa machen den *Scholastikos* als einfältigen Studierten zum Ziel ihres Spotts; vgl. Brodersen 2016, 9.)

(47) λέγεται γάρ, ὡς πονηρός τις ἀνὴρ καὶ σχολαστικὸς κοινωνίαν πρὸς ἀλλήλους συνεστήσαντο, καί ποτε συμπεριπατοῦντες εὗρον χρυσίου τάλαντα χίλια. ὁ δὲ σχολαστικὸς εἶπε τῷ πονηρῷ· διάνειμαι τὸ ἕρμαιον ἐπίσης. ὁ δὲ πονηρὸς εἶπεν· οὐχί, ἀλλ' ὅσον ἐξ αὐτοῦ νῦν βουλόμεθα, ἀναλαβώμεθα καὶ τὸ λοιπὸν ὑπὸ γῆν συγκαλύψωμεν, καὶ ὅτε δεηθῶμέν τινος, ἐλευσόμεθα καὶ κατὰ μικρὸν τὸ αὐτάρκες ἐξαντλήσομεν. τούτῳ γὰρ τῷ τρόπῳ καὶ ἡ κοινωνία ἐπὶ πολὺν διαρκέσει χρόνον, καὶ διὰ τῆς κοινωνίας ἡ φιλία. καὶ ἐπείσθη ὁ σχολαστικὸς τῇ παραινέσει αὐτοῦ, καὶ ὑπό τι μέγα δένδρον συνηρεφὲς τὸν χρυσὸν ἔκρυψαν. μετὰ δέ τινας ἡμέρας ὁ πονηρὸς λάθρα ἐξελθὼν ἐσφετερίσατο τὸν τεθησαυρισμένον ὅλον χρυσόν. μετὰ δέ τινας ἡμέρας ἔφη ὁ σχολαστικὸς πρὸς αὐτόν· ἀπέλθωμεν, εἰ δοκεῖ, καὶ ἀναλαβώμεθα μέρος τι τοῦ ὑπὸ γῆν χρυσοῦ. ἐξελθόντες οὖν καὶ τὴν γῆν ἀνορύξαντες, ὡς οὐδὲν εὗρον, ἤρξατο ὁ πονηρὸς τίλλειν τὰς τρίχας καὶ τύπτειν τὸ στῆθος καὶ καταβοᾶν τοῦ σχολαστικοῦ ὡς τὸν θησαυρὸν ἀποκλέψαντος. ὁ δὲ σχολαστικὸς μυρίοις τοῦτον ἐβεβαίου ὅρκοις, ὡς οὐδὲν τοιοῦτον ἔδρασε. τέως δὲ καὶ πρός τινα τοῦτον εἵλκυσε τῶν κριτῶν. ὁ δὲ κριτὴς εἶπεν· ὁ ἐνάγων βαρεῖται ταῖς ἀποδείξεσι, καὶ δεῖ τὸ τοιοῦτον δεῖξαι. ὁ δὲ εἶπε· τὸ δένδρον αὐτὸ μαρτυρήσει μοι τὴν ἀλήθειαν, εἰ καὶ ἄφωνόν ἐστι. καὶ ἀπελθὼν εἰς τὸν ἴδιον πατέρα ἀνήγγειλεν αὐτῷ τὰ κατ' αὐτόν, καὶ ἠξίωσε τὸ δένδρον ἐκεῖνο ὑπεισελθεῖν καὶ πρὸς τὸν ἐρωτῶντα ἀποκρίνασθαι, ὡς ὁ σχολαστικὸς τὸν θησαυρὸν ἀπεσύλησεν. ὁ δὲ εἶπεν· ἐγὼ μὲν τοῦτο ποιήσω, ἀλλ' ἴδε, μὴ ταῖς ἰδίαις ἄρκυσι σαγηνευθῇς.

(49c) καὶ ἀπελθὼν ὑπεισῆλθε τὸ δένδρον. τοῦ δὲ κριτοῦ ἐκεῖσε παραγενομένου καὶ τὸ δένδρον ἐπερωτήσαντος, οἷος τὸν χρυσὸν ἀφείλατο, φωνὴ ἀνεδίδοτο, ὡς ὁ σχολαστικὸς ἔκλεψεν. ἧσπερ ἀκούσας τὸν δόλον ἐφώρασε καὶ προσέταξε πυρὶ τὸ δένδρον ἀποτεφρωθῆναι. καὶ τοῦ πυρὸς ἀναφθέντος, ὡς ἐπ' αὐτὸν ἀνῆλθεν ὁ καπνός, εὐθέως

(47) Man erzählt nämlich: Ein boshafter Mann und ein *Scholastikos* hatten eine Gemeinschaft miteinander errichtet. Als sie einmal spazieren gingen, fanden sie 1000 Talente Gold. Der *Scholastikos* sagte zum Boshaften: Teilen wir den Fund in zwei gleiche Teile! Der Boshafte sagte: Nein, wir wollen jetzt nur so viel davon nehmen, wie wir brauchen, und das Übrige unter der Erde verstecken; wenn wir etwas brauchen, wollen wir miteinander hierherkommen und Stück für Stück genug ausgraben. Auf diese Weise wird unsere Gemeinschaft lange Zeit bestehen und durch die Gemeinschaft die Freundschaft. Der *Scholastikos* ließ sich von dieser Mahnrede überzeugen; unter einem großen schattigen Baum verbargen sie das Gold. Nach einigen Tagen kam der Boshafte heimlich herbei und stahl den ganzen Goldschatz. Nach einigen Tagen sagte der *Scholastikos* zum ihm: Lasse uns gehen, wenn es recht ist, und einen Teil des unter der Erde liegenden Golds holen. Sie gingen also hinaus, gruben die Erde auf, und als sie nichts fanden, begann der Boshafte sich die Haare zu raufen, die Brust zu schlagen und den *Scholastikos* anzubrüllen, dass der den Schatz gestohlen habe. Der *Scholastikos* bestätigte mit zehntausend Schwüren, dass er so etwas nicht getan habe. Schließlich zog der Boshafte ihn vor einen der Richter. Der Richter sagte: Der Kläger hat die Beweislast; er muss zeigen, dass die Sachlage von dieser Art ist. Der sagte: Der Baum selbst bezeugt mir die Wahrheit, auch wenn er stumm ist. Und er ging zu seinem Vater, erzählte ihm das, was geschehen war, und bat ihn, zu jenem Baum zu gehen und dem Fragenden zu antworten, dass der *Scholastikos* den Schatz geraubt habe. Der sagte: ich werde dies tun, aber sieh zu, dass du nicht von deinen eigenen Netzen gefangen wirst.

(49c) Er ging los und kam zum Baum. Als der Richter dort eintraf und den Baum befragte, wer das Gold weggenommen habe, ließ er seine Stimme erschallen, dass der *Scholastikos* es gestohlen habe. Als der Richter dies hörte, durchschaute er die List und befahl, den Baum mit Feuer einzuäschern. Und als das Feuer angezündet war, so dass zu ihm der Rauch kam,

ἐφώνησε. καὶ ἐκβληθεὶς τὸν δόλον καθωμολόγησε καὶ σφοδρῶς παρὰ τοῦ κριτοῦ τιμωρηθεὶς σὺν τῷ υἱῷ ἀφῃρέθησαν ἅπαντα τὸν χρυσὸν καὶ ἐδόθη οὗτος μόνῳ τῷ σχολαστικῷ. τοιαύτη οὖν ἐστιν ἡ τοῦ μοχθηροῦ καὶ δολίου ἀνδρὸς ἀπόβασις.

(50) ἐγὼ μὲν οὖν σου ἀεὶ τὴν γλῶτταν ἐπτοούμην ὡς τὸν τοῦ ὄφεως ὀδόντα, ἐπεὶ καὶ ἐξ ἀμφοῖν ἰὸς ἀποστάζεται. καλῶς γὰρ εἶπεν ὁ εἰπών· φευκτέον τοὺς πονηροὺς ἄνδρας, κἂν συγγενεῖς καὶ ἀγχιστεῖς ὦσι. ταὐτὸν γάρ τι πεποιήκασι τῷ τοῦ ἐμπόρου.

(51) λέγεται γάρ, ὡς ἔμπορός τις μέλλων ἀποδημῆσαι παρεκατέθετό τινι μνᾶς σιδήρου ἑκατόν. καὶ ἐπαναζεύξας παρεγένετο πρὸς τὸν τὴν παρακαταθήκην παραλαβόντα, ἤδη ἀπογνόντα τὴν ὑποστροφὴν αὐτοῦ καὶ τὸν σίδηρον διαπωλήσαντα, καὶ εἶπε πρὸς αὐτόν· ἀντίστρεψόν μοι, ὅσον παρεθέμην σοι σίδηρον. ὁ δὲ ἔφη· ἔν τινι γωνίᾳ τῆς οἰκίας μου τοῦτον τέθεικα καὶ κατέφαγον αὐτὸν οἱ μῦες. καὶ μηδὲν μελήσῃ σοι περὶ τούτου, ἐπειδὴ σῶος πρὸς ἡμᾶς ἐπανῆκες· ἀλλ' ἐλθὲ σήμερον συνεστιάσων ἡμῖν καὶ τελέσωμεν τὰ εἰσιτήρια. ὁ δὲ κατανεύσας καὶ ἐξελθὼν ἐντετύχηκε παιδί, υἱῷ αὐτοῦ, καὶ συλλαβὼν τοῦτο ἐπὶ τὴν οἰκίαν αὐτοῦ κατέκρυψε. καὶ ὑποστρέψας εὗρε τοῦτον ἐρωτῶντα περὶ τοῦ παιδίου καὶ ἀποκριθεὶς εἶπεν· εἶδον τοῦτο παρὰ ἱέρακος εἰς ἀέρα αἰρόμενον. ὁ δὲ φωνήσας ἔφη· ὦ ἄνδρες, οἴδατε ἱέρακας ἀνθρώπους εἰς ὕψος αἴροντας; ὁ δὲ κύριος τοῦ σιδήρου ὑπολαβὼν εἶπε· ναί, ἔνθα μῦες σίδηρον ἐσθίουσιν, ἐκεῖ ἱέρακες οὐ μόνον ἀνθρώπους, ἀλλὰ καὶ ἐλέφαντας εἰς ὕψος αἴρουσιν. ὁ δὲ αἰσχυνθεὶς ἐπὶ τούτῳ δέδωκεν αὐτῷ τὸν σίδηρον, ὅσον ἀφείλατο, καὶ παρέλαβε τὸν ἴδιον παῖδα.

schrie er plötzlich auf. Ertappt räumte er die List ein und wurde vom Richter schwer bestraft, zusammen mit seinem Sohn; genommen wurde ihnen das ganze Gold und allein dem *Scholastikos* gegeben. So war der Ausgang für den boshaften und listigen Mann.

(50) Ich selbst habe deine Zunge wie den Zahn einer Schlange gescheut, da von beiden Gift geträufelt wird. Gut nämlich hat gesprochen, der gesagt hat: Zu meiden sind die Boshaften, auch wenn sie Verwandte und Nahestehende sind. Dasselbe ist auch mit der Sache des Kaufmanns geschehen.

(51) Man erzählt nämlich: Ein Kaufmann, der auf eine Reise gehen wollte, hinterlegte bei jemanden 100 Minen Eisen. Als er zurückkehrte, ging er zu dem, der die Hinterlegung übernommen hatte, der aber schon dessen Rückkehr abgeschrieben und das Eisen zum Verkauf angeboten hatte, und sagte zu ihm: Gib mir zurück, was ich an Eisen bei dir hinterlegt habe. Der sagte: Ich hatte es in einer Ecke meines Hauses hinterlegt; gefressen haben es die Mäuse. Nicht bekümmern sollst du dich deshalb, da du doch heil zu uns zurückgekommen bist, sondern komme morgen, um mit uns zu essen, und wir werden die Heimkehr-Opfer darbringen. Er stimmte zu, ging hinaus und begegnete einem Jungen, dem Sohn von ihm, ergriff ihn und verbarg ihn in seinem Haus. Als er zurückkehrte, fand er ihn vor, der nach seinem Sohn fragte, und sagte: Ich habe gesehen, dass er von einem Falken in die Luft getragen wurde. Der aber schrie auf und sagte: O Männer, wisst ihr, dass Falken Menschen in die Luft tragen? Der Eigentümer des Eisens sagte darauf: Ja, wo Mäuse Eisen essen, da tragen Falken nicht nur Menschen, sondern auch Elefanten in die Luft. Der schämte sich dafür und gab ihm das Eisen, das er weggenommen hatte, und erhielt seinen eigenen Sohn.

(52) οὕτως ἄρα καὶ σὺ καταισχυνθήσῃ ψευδεῖς λόγους πλαττόμενος. ἀλλ' ὁ κακὸς οὐδὲν ἄλλο πλὴν κακός. καὶ γὰρ ὁ πικρὸς καρπός, κἂν πολλάκις ἐπιχρισθῇ μέλιτι, οὐ μετατρέπει τὴν ἰδίαν φύσιν πρὸς τὴν γλυκύτητα. ἀνθεκτέον οὖν τῆς τῶν ἀγαθῶν ἀνδρῶν ξυναυλίας καὶ φευκτέον τοὺς πονηρούς. ὥσπερ γὰρ μεταλαμβάνει ὁ πνέων ἀπὸ τῆς δυσωδίας τῶν δυσωδῶν καὶ τῆς εὐωδίας τῶν εὐωδῶν, ἐφ' ᾧτινι ἂν τύχῃ τούτων πεπνευκώς, οὕτω μεταδίδωσιν ἡ τῶν φαύλων καὶ σπουδαίων ἀνδρῶν ὁμιλία τῷ προσομιλοῦντι. οἶδα δὲ καὶ τοῦτο, ὡς καὶ πάνυ σοι φορτικὸς παραινῶν καταφαίνομαι. ἀεὶ γὰρ φορτικοί εἰσι τοῖς ἀνοήτοις ἀνδράσιν οἱ συνετοί, τοῖς δ' ἀπαιδεύτοις οἱ σοφοί, τοῖς δὲ φειδωλοῖς οἱ εὐμετάδοτοι καὶ τοῖς προπετέσιν οἱ ἀνεξίκακοι καὶ τοῖς στρεβλοῖς οἱ εὐθεῖς.

(53) τούτων δὲ λεγομένων μεταξὺ ἀνῄρησε τὸν ταῦρον ὁ λέων καὶ εὐθὺς μετεμελήθη ἐπὶ τῇ ἀναιρέσει αὐτοῦ. ὁ δὲ Ἰχνηλάτης ἀπελθὼν πρὸς τὸν λέοντα καὶ σύννουν τοῦτον ἰδὼν ἔφη· τί μετάμελος ἐπὶ τῷ ταύρῳ γέγονας; οὐκ οἶδας, ὡς ὅτε δηχθῇ τις παρ' ἐχίδνης τὸν δάκτυλον, ἐκτέμνει τοῦτον καὶ τὸ οἰκεῖον ἀθετεῖ μέλος ὡς ὀλέθριον, ἵνα μὴ δι' αὐτοῦ ὁ ἰὸς ἐπὶ τὸ σύμπαν σῶμα ἀναδοθῇ; καὶ ἀκούσας ὁ λέων ἐπίστευσε τοῖς λόγοις αὐτοῦ καὶ παρεκλήθη.

(54) οὕτως ἄρα, ὁ φιλόσοφος ἔφη, ὦ βασιλεῦ, ὁ κακὸς καὶ μοχθηρὸς ἀνήρ, ὅτε μεταξὺ δύο τινῶν ἀλλήλους ἀντιφιλούντων ἑαυτὸν παρεμβάλλει, κυδοιμοὺς καὶ θορύβους ἐμποιεῖ καὶ τοὺς φίλους διΐστησιν.

(52) So wirst auch du beschämt werden, der du lügnerische Worte erfunden hast. Aber der Schlechte ist nichts anderes als schlecht. Und die bittere Frucht wird, auch wenn sie oft mit Honig eingestrichen wird, nicht ihre eigene Natur zur Süße verwandeln. Anzunehmen ist also die Gemeinschaft mit guten Männern und zu vermeiden sind die Boshaften. Wie nämlich der Wind vom Gestank den Gestank annimmt und vom Wohlgeruch die Wohlgerüche, je nachdem, wo er vorbei weht, so überträgt sich auch die Gemeinschaft mit schlechten oder eifrigen Männern auf den, der mit ihnen verkehrt. Ich weiß auch das, dass ich dir ganz beschwerlich eine Mahnrede zu halten scheine. Beschwerlich sind immer für die Törichten die Verständigen, für die Ungebildeten die Weisen, für die Geizigen die Freigebigen, für die Ungestümen die Langmütigen und für die Verschlagen die Redlichen.

(53) Während dies gesagt wurde, tötete der Löwe den Stier und war sofort wegen dessen Tötung reumütig. Der Ichnelates kam zum Löwen, sah ihn in Gedanken und sagte: Was bist du reumütig wegen dem Stier geworden? Weißt du nicht, dass man, wenn einem der Finger von der Schlange gebissen wird, diesen abschneidet und das eigene Glied als verderblich wegwirft, damit nicht das Gift in den ganzen Körper gegeben wird? Der Löwe hörte dies, vertraute seinen Worten und ließ sich ermuntern.

(54) So also, sagte der Philosoph, o König, ist der schlechte und böse Mann, wenn er sich zwischen zwei Freunde mischt, die sich gegenseitig lieben: Er macht Getümmel und Lärm und bringt die Freunde auseinander.

2.

(55) Ὁ δὲ βασιλεὺς τῷ φιλοσόφῳ ἔφη· ἀνάγγειλόν μοι, ὅπως ἀπέβη τὰ κατὰ τὸν Ἰχνηλάτην μετὰ τὴν τοῦ ταύρου ἀναίρεσιν.

ὁ δὲ φιλόσοφος ὑπολαβὼν ἔφη· (56) μετὰ τὴν τοῦ ταύρου ἀναίρεσιν ἐξῆλθε μιᾷ τῶν νυκτῶν λεοντόπαρδος, ὃς διδάσκαλος ἦν τῷ λέοντι καὶ πιστὸς σύμβουλος. καὶ προσελθὼν τῇ τοῦ Ἰχνηλάτου πύλῃ εὗρε τὸν Στεφανίτην κατονειδίζοντα τοῦτον, ὑπὲρ ὧν εἰς τὸν ταῦρον ἔδρασε, καὶ ὡς οὐ διεκφύγοι, φάσκοντα, τὰς τοῦ λέοντος χεῖρας, εἰ μάθοι τὸν συρραφέντα δόλον παρ' αὐτοῦ.

καὶ ἀκούσας τούτων εἰσῆλθε πρὸς τὴν μητέρα τοῦ λέοντος καὶ ἀνήγγειλεν αὐτῇ, ὅσα ἀκήκοεν.

(57) ἡμέρας δὲ ἐπιφωσκούσης πρὸς τὸν λέοντα παρεγένετο αὕτη. ἰδοῦσα δὲ τοῦτον σκυθρωπὸν καὶ κατηφῆ καὶ μεταμελόμενον ἐπὶ τῇ ἀπωλείᾳ τοῦ ταύρου ἔφη·

ὦ τέκνον, ὁ μετάμελος καὶ ἡ φροντὶς οὐδὲν ἕτερον ἐργάζονται ἀλλ' ἢ σώματος τηκεδόνα καὶ νοὸς ζόφον. ἀλλ'

ἐξαύδα, μὴ κεῦθε νόῳ, ἵνα ἴδωμεν ἄμφω.

ἀλλ' οἶδα καὶ πρὸ τοῦ εἰπεῖν σε, ὡς διὰ τὸν ταῦρον ἀθυμεῖς, ὃν ἀναιτίως ἀνῄρηκας. καὶ εἴ γε δίκαιος ἦς, ἔδει σε τῇ πρὸς ἐκεῖνον διαθέσει διακρῖναι τὴν ἀπ' ἐκείνου πρὸς σὲ διάθεσιν. λέγεται γάρ, ὡς ἀνταμείβουσιν ἀλλήλαις αἱ καρδίαι. εἰπὲ οὖν μοι, ὅπως διέκεισο πρὸς τὸν ταῦρον.

ὁ δὲ εἶπεν· ἀεί μοι ὁ ταῦρος φιλητὸς ἦν καὶ ἐπίστευον αὐτῷ ἐν πᾶσι καὶ τὰς αὐτοῦ παραινέσεις ἐδεχόμην. οὐδεμία μοί ποτε περὶ αὐτοῦ ὑπόληψις ἐναντίων ὑπέδραμε. καὶ νῦν πάνυ μεταμέλομαι ἐπὶ τῷ θανάτῳ αὐτοῦ καὶ περιώδυνός

2.

(55) Der König sagte zum Philosophen: Vermelde mir, wie es mit den Angelegenheiten des Ichnelates nach dem Tod des Stiers weiterging.

Der Philosoph sagte darauf: (56) Nach der Tötung des Stiers kam eines Nachts der Leopard, der für den Löwen ein Lehrer und treuer Ratgeber war. Er kam zum Tor des Ichnelates und fand den Stephanites, wie er diesen heftig für das tadelte, was der gegen den Stier getan hatte, und sagte, dass er nicht entkommen werde, womit er die Hände des Löwen meinte, wenn der die eingefädelte List von ihm erfahre.

Als der Leopard dies gehört hatte, ging er zur Mutter des Löwen und erzählte ihr, was er gehört hatte.

(57) Als es Tag wurde, ging sie zum Löwen. Sie traf ihn in einer düsteren und niedergeschlagenen Stimmung an, da er wegen des Untergangs des Stiers Reue empfand, und sagte:

O Kind, die Reue und die Gedanken bewirken nichts anderes als das Dahinschwinden des Körpers und die Verdunkelung des Geistes. Aber sprich, verbirg nichts im Sinn, damit wir es beide wissen (Homer, *Ilias* 1,364). Aber ich weiß, bevor du es sagst, dass du wegen des Stiers mutlos bist, den du unschuldig getötet hast. Wenn du gerecht gewesen wärest, hättest du ihn nach seiner Gesinnung dir gegenüber beurteilen müssen. Man erzählt nämlich, wie die Herzen sich miteinander austauschen. Sage mir also, wie du gegen ihn gesinnt warst.

Er sagte: Immer war mir der Stier der liebste und ich vertraute ihm in allem und nahm seine Mahnreden an. Niemals ist Argwohn gegen ihn bei mir aufgestiegen. Und jetzt bin ich wegen seines Todes reumütig und betrübt, da ich wahrnehme, wie der unbestraft ist, der gegen ihn Vorwürfe erhob; aber ich

εἶμι αἰσθανόμενος ὡσανεὶ τοῦ ἀθῷον τοῦτον εἶναι τῶν κατ' αὐτοῦ ἐγκληθέντων ἀλλ' ἠπατήθην τοῖς τοῦ δολίου Ἰχνηλάτου λόγοις καὶ τοῖς ψευδέσιν αὐτοῦ συλλογισμοῖς. ἀνάγγειλόν μοι οὖν, εἴπερ τι τοιοῦτον ἀκήκοας. ἡ γὰρ ἀληθὴς ὑπόληψις βεβαιοῦται καὶ διὰ τῶν ἔξωθεν ἐρχομένων ἀγγελιῶν.

ἡ δὲ τοῦ λέοντος μήτηρ ἔφη· ἀκήκοα παρά τινος τῶν πιστοτάτων, ὡς διὰ φθόνον ὁ Ἰχνηλάτης πρὸς σὲ τοῦ ταύρου κατεψεύσατο.

ὁ δὲ λέων εἶπε· καὶ τίς ἐστιν ὁ ἀναγγείλας σοι τὸ τοιοῦτον;

δεῖ τὰ μυστήρια τῶν φιλῶν τηρεῖν, ἡ μήτηρ φησίν. ὁ γὰρ μὴ τοῦτο ποιῶν διαφθείρει τὴν ἰδίαν πιστότητα.

ὁ δὲ λέων ἔφη· ἐν ἄλλοις δεῖ τὸ τοιοῦτον παρατηρεῖν. ἔνθα δὲ σκοπὸς τῆς ἀληθείας ἐστὶν ἡ φανέρωσις καὶ τοῦ ἠδικημένου ἐκδίκησις, οὐ δεῖ συγκαλύπτειν τὸ ἁμάρτημα. ὁ γὰρ δίκαιος βασιλεὺς οὐχ ὑπολήψει τιμωρεῖ, οὐδ' ἔτι ἀμφιβαλλομένης τῆς ὑποθέσεως. δέδοικα γάρ, μήπως τὰ ὅμοια μεταμεληθῶ τῇ τοῦ ταύρου ἀναιρέσει καὶ ἐπὶ τοῦ Ἰχνηλάτου.

ἡ δὲ μήτηρ τοῦ λέοντος ἔφη· οὐχ ὑπελάμβανόν σε ἐνδοιάζειν περὶ ἐμοῦ.

ὁ δὲ λέων ἔφη· οὐκ ἐνδοιάζω, ἀλλὰ βούλομαι τὴν ἀλήθειαν σαφῶς παραγαγεῖν.

ἡ δὲ ἔφη· δέδοικα, εἰ τοῦτο ποιήσω, μὴ ἀσυνείδητος ἀποδειχθῶ.

(58a) ταῦτα ἀκούσας ὁ λέων παρὰ τῆς μητρὸς αὐτοῦ παρέστησεν ἑαυτῷ τοὺς ὑπ' αὐτὸν ἅπαντας. μετεκαλέσατο δὲ καὶ τὸν Ἰχνηλάτην. ἰδὼν οὖν τοῦτον κατηφῆ ὁ Ἰχνηλάτης

wurde von den Worten des betrügerischen Ichnelates und seinen lügnerischen Schlussfolgerungen getäuscht. Vermelde mir also, ob du etwas Derartiges erfahren hast. Die wahre Einrede wird ja auch durch das bekräftigt, was von außerhalb kommt.

Die Mutter des Löwen sagte: Ich habe von einem unserer Getreuesten gehört, dass Ichnelates aus Neid den unschuldigen Stier bei dir verleumdet hat.

Der Löwe sagte: Und wer ist es, der dir Derartiges erzählt hat?

Man muss Geheimnisse von Freunden bewahren, sagte die Mutter. Wer dies nicht tut, zerstört seine eigene Glaubwürdigkeit.

Der Löwe sagte: In anderen Dingen muss man Derartiges bewahren, wo aber das Ziel der Wahrheit die Offenlegung und Entschuldung dessen ist, dem Unrecht getan worden ist, darf man den Fehler nicht verbergen. Der gerechte König straft nicht aus Argwohn, solange die Anzeige noch nicht entschieden ist. Ich fürchte, dass ich die Tötung des Stiers so wie auch das Vorgehen gegen den Ichnelates bereue.

Die Mutter des Löwen sagte: Ich nahm nicht an, dass du gegen mich Argwohn schöpfst.

Der Löwe sagte: Ich schöpfe keinen Argwohn, sondern will die Wahrheit klar hervorbringen.

Sie sagte: Ich fürchte, wenn ich das tue, wird ein Unwissender aufgezeigt werden.

(58a) Als der Löwe dies von seiner Mutter hörte, brachte er alle seine Untertanen zu sich; er rief auch den Ichnelates herbei. Der Ichnelates sah, wie niedergeschlagen er war, und sag-

ἔφη πρὸς τοὺς πλησίον· τί ὅτι ὁρῶ τὸν λέοντα στυγνὸν καὶ κατηφείας πλήρη;

ὑπολαβοῦσα δὲ ἡ μήτηρ τοῦ λέοντος ἔφη· οὐ διά τι ἕτερον κατηφιᾷ ἀλλ' ἢ τὸ μέχρι τοῦδε ἐᾶσαί σε τοῖς ζῶσι συναναστρέφεσθαι πείσαντα τοῦτον δόλῳ καὶ πανουργίᾳ τὸν ἄθλιον ταῦρον ἀνελεῖν.

ὁ δὲ Ἰχνηλάτης ἔφη· ὁρῶ, ὡς πᾶς ὁ σπεύδων πρὸς τὸ ἀγαθὸν ἕτοιμός ἐστι πρὸς ὑποδοχὴν τῶν συμφορῶν ἢ τῶν εὐποιϊῶν. ἐπὶ τούτῳ γὰρ οἶμαι καὶ τοὺς ἀσκητὰς χαίρειν εἰπόντας τῇ τῶν ἀνθρώπων ἀναστροφῇ τὰς ἐρήμους καταδιώκειν. ἐγὼ δὲ εὔνους πρὸς τὸν βασιλέα διακείμενος ἀνέφερον αὐτῷ τὰ κατὰ τὸν ταῦρον καὶ ἐξεφαύλισα τὴν ἐπιβουλὴν αὐτοῦ. εἰ οὖν ἀκριβῶς ἐξετάσεις τὰ παρ' ἐμοῦ ἐξενεχθέντα αὐτῷ, εὑρήσεις πάντως ἀληθῆ μου τὴν ἀναφοράν. τὸ γὰρ οἰκουρὸν πῦρ τῇ ὕλῃ καὶ τῷ ξύλῳ μεθόδῳ τινὶ φανεροῦται καὶ τὰ ἐγκλήματα ἐξεταζόμενα καὶ ἐρευνώμενα μᾶλλον ἀποκαλύπτεται παραπλησίως τῇ δυσώδει ὕλῃ ταραττομένῃ. εἰ μὲν οὖν συνεγίνωσκον ἐμαυτὸν ἁμαρτήσαντα, οὐκ ἂν ἐνταῦθα προσανειχόμην, ἀλλ' ἔν τινι τόπῳ τῆς εὐρείας χθονὸς τὴν ἀναστροφὴν ἐποιησάμην. ἀξιῶ τοίνυν τὴν βασιλικὴν μεγαλειότητα ἐξετάσαι ἀκριβῶς τὰ κατ' ἐμὲ διά τινος δικαιοτάτου διαιτητοῦ, μὴ τὴν ἀλήθειαν παραχαράττοντος μήτε μὴν πρόσωπα λαμβάνοντος μήτε πρὸς τοὺς φθονοῦντάς μοι τὰ ὦτα κλίνοντος, ἐπεὶ πολλοί μοι πάρεισιν οὗτοι, δι' ἣν εἶχε πρός με ὁ βασιλεὺς ἀγαθὴν διάθεσιν. εἰ δὲ μὴ τοῦτο ποιήσει, οὐκ ἔχω τινά, πρὸς ὃν καταφεύξομαι ἀλλ' ἢ πρὸς τὴν τοῦ θεοῦ εὐσπλαγχνίαν τοῦ *καρδίας καὶ νέφρους ἐξετάζοντος*. (60a) πρὸς τούτοις οὐ πτοοῦμαι τὸν θάνατον. οἶδα γὰρ τοῦτον ὡρισμένον καὶ ἀπαραίτητον καὶ πᾶν ζῷον θνητόν. (60b) καὶ εἰ μυρίας εἶχον ψυχάς, οὐδὲ μιᾶς ἂν τούτων ἐφεισάμην πρὸς τὴν σὴν ἀρέσκειαν.

te zu denen in seiner Nähe: Was sehe ich den Löwen traurig und voller Niedergeschlagenheit?

Darauf sagte die Mutter des Löwen: Er ist nicht wegen etwas anderem niedergeschlagen als deshalb, weil er bisher dich mit den Lebenden Umgang haben ließ, der du mit List und Tücke dazu geraten hast, den unglücklichen Stier umzubringen.

Der Ichnelates sagte: Ich sehe, wie jeder, der zum Guten eilt, zum Erweis von Nützlichem oder Wohltaten bereit ist. Damit meine ich, dass die Asketen dem Aufenthalt unter den Menschen Lebewohl sagen sollen und die Wüste verfolgen. Ich bin dem König gegenüber wohlwollend gesinnt und habe ihm deshalb das gegen den Stier zugetragen und damit dessen Nachstellungen vereitelt. Wenn du dies genau untersuchst, wird du zu dem von mir Dargelegten finden, dass die Anzeige ganz und gar wahr ist. Das Feuer, welches das Haus hütet, wird in Material und Holz auf eine bestimmte Weise offenbart und legt auch die Vorwürfe dar, wenn sie geprüft und erforscht sind. Wäre ich mir irgendeines Verbrechens bewusst, wäre ich nicht hierhergekommen, sondern hätte meinen Aufenthalt an irgendeinen Ort auf dieser weiten Erde gemacht. Ich bitte also die königliche Majestät, die gegen mich vorliegende Sache durch einen äußerst gerechten Schiedsrichter genau zu untersuchen, damit die Wahrheit nicht verschüttet wird und er weder meine Position einnimmt noch sein Ohr zu denen neigt, die mich hassen, da es für mich viele von diesen gibt, durch die gute Haltung, die der König zu mir hatte. Wenn er dies nicht tun wird, habe ich niemanden, zu dem ich flüchten könnte, sondern nur das Mitleid Gottes, der Herzen und Nieren geprüft hat (*Psalm* 7,10; *Psalm* 26,2; *Offenbarung* 2,23). (60a) Zudem scheue ich den Tod nicht. Ich weiß, dass er vorbestimmt und unerbittlich ist und dass jedes Lebewesen sterblich ist. (60b) Auch wenn ich zehntausend Leben hätte, würde ich sie alle mit Freude für meinen König dahingeben.

ὑπολαβὼν δέ τις τῶν συστρατιωτῶν ἔφη· οὐ φθέγγῃ ταῦτα διὰ τὴν φιλικὴν πρὸς τὸν βασιλέα διάθεσιν, οὔτε μὴν διὰ τὸ πρὸς αὐτὸν σέβας, ἀλλ' ἢ διὰ σεαυτὸν ὑπεραπολογούμενος, ὧν παρηνόμησας.

καὶ ὁ Ἰχνηλάτης εἶπεν· οὐκ οἶσθα, ὦ ἄφρον, ὡς οὐ μεμπτέον ἐστὶ τὸ τοιοῦτον ἔργον; καὶ τί ἕτερον τῷ ζῴῳ τῆς ἑαυτοῦ ψυχῆς τιμιώτερον; εἰ γὰρ μὴ ἑαυτοῦ ὑπεραπολογήσεται, σχολῇ γε ἂν ἑτέρου ὑπερασπίσηται. ὧς ἐφανέρωσας τὸν φθόνον τὸν ἐνδομυχοῦντά σοι, καὶ ἀνεγνώρισας ἑαυτὸν ἅπασιν, ὡς ἄφιλος εἶ καὶ ἀβέβαιος. ἄφες οὖν τὸ προσανέχειν τῇ βασιλικῇ πύλῃ. ἀνάξιον γάρ ἐστι τὸ τοιοῦτον ὄντα σε βασιλεῖ προσεγγίσαι.

ταῦτα ἀκούσας ἐξῆλθε κατηφής.

ἡ δὲ τοῦ λέοντος μήτηρ εἶπε πρὸς τὸν Ἰχνηλάτην· ἄγαμαί σου τὸ προπετές, Ἰχνηλάτα, ὅπως τοιούτων κατατολμήσας ἔργων τοιούτοις ἡμῶν καταναιδεύῃ τοῖς ῥήμασιν.

ὁ δὲ Ἰχνηλάτης ὑπολαβὼν εἶπεν· ἵνα τί με δι' ἑνὸς ὁρᾷς ὄμματος; οὐχ οἶσθα, ὡς *στρεπταὶ αἱ τῶν ἐσθλῶν φρένες* εἰσὶ κατὰ τὴν ποίησιν; ἀλλ' ὁρῶ, ὡς πάντες κατὰ τὸν προφήτην *ἐξέκλιναν, ἅμα ἠχρειώθησαν*. καὶ οὐδεὶς ὁ τὴν ἀλήθειαν ἀσπαζόμενος τοῦ βασιλέως δι' ὑπερβολὴν ἀγαθότητος μήτε ἐκδειματοῦντός τινας μήτε ἐπιτάττοντος.

ἡ δὲ ἔφη· ἴδετε τὸν πονηρότατον τοῦτον καὶ ἀσεβέστατον, ὅπως τὰ τοιαῦτα πράξας ἀτοπήματα καὶ μεγάλοις περιπεσὼν ἐγκλήμασι παραχαράττειν ἐπιχειρεῖ τὴν ἀλήθειαν καὶ συλλογισμοῖς ψευδέσι, μᾶλλον δὲ παραλογισμοῖς ἀπατᾶν ἅπαντας.

Darauf sagte einer der Mitsoldaten: Du sagst dies nicht aus freundschaftlicher Gesinnung gegenüber dem König und auch nicht aus Verehrung für ihn, vielmehr hältst du diese Verteidigung für das, was du verbrochen hast, aus Eigennutz.

Der Ichnelates sagte: Weißt du nicht, o Dummkopf, dass ein Werk dieser Art nicht zu tadeln ist? Was hat man im Leben Kostbareres als sein eigenes Leben? Es kann ja einer, der sich nicht selbst verteidigen kann, in Ruhe einen anderen beschützen. So hast du den Neid offengelegt, der sich in dir eingenistet hat, und über dich selbst nun allen zu erkennen gibt, wie unfreundlich und unbeständig du bist. Unterlasse es also, dich dem königlichen Tor zu nähern. Unwürdig ist es, dass du, der du von dieser Art bist, dich dem König nähertest.

Als der dies hörte, ging er niedergeschlagen fort.

Die Mutter des Löwen sagte zum Ichnelates: Ich bewundere deine Keckheit, Ichnelates, dass du, nachdem du solche Werke gewagt hast, uns mit Reden beleidigst.

Der Ichnelates sagte darauf: Warum siehst du mich nur durch ein Auge? Weißt du nicht, wie – der Dichtung zufolge – die Sinne der Edlen sich wenden (Homer, *Ilias* 15,203)? Aber ich sehe, wie alle nach dem Propheten abgewichen und allesamt verdorben sind (*Psalm* 14,3; *Römerbrief* 3,12). Niemand liebt die Wahrheit, da er durch das Übermaß der Güte des Königs weder in Schrecken versetzt noch zur Ordnung gebracht wird.

Sie sagte: Seht hier den boshaftesten und unverschämtesten, weil er solche Niederträchtigkeiten getan hat und großen Vorwürfen ausgesetzt war, und nun die Wahrheit zu verschütten und mit lügnerischen Schlussfolgerungen, mehr noch Fehlschlüssen alle zu täuschen versucht!

ὁ δὲ εἶπε· τοιοῦτόν ἐστι καὶ ὁ τὰ μυστήρια ἐκφαυλίζων καὶ ὁ γυναικείοις τρόποις ἀνὴρ χρώμενος καὶ ἡ ἀνδρείοις ἀποχρωμένη γυνή, καὶ ὁ λέγων ξένος ἑαυτὸν κύριον τῆς οἰκίας καὶ ὁ παρὰ βασιλεῖ ἀπολογούμενος, ὑπὲρ ὧν οὐκ ἐρωτᾶται.

ἡ δὲ μήτηρ τοῦ λέοντος εἶπεν· οὐκ οἶδας, ὦ Ἰχνηλάτα, ὅσα εἰργάσω δεινά;

ὁ δὲ εἶπεν· ὁ δεινὰ ἐργαζόμενος οὐκ εὐνοεῖ πρός τινα οὐδ' ἀποτρέπει μελλούσας κακίας.

ἡ δὲ εἶπε· μὴ ὑπολαμβάνῃς, ὦ ἀσεβέστατε, ὡς ἐκφεύξῃ τὴν ἐκ τῆς καταδίκης τιμωρίαν διὰ τῶν ψευδῶν σου τούτων παραλογισμῶν.

ὁ δὲ Ἰχνηλάτης εἶπε· τοιοῦτοί εἰσιν οἱ τὰ ψευδῆ διαπλαττόμενοι καὶ τὸ δίκαιον ἐκκλίνοντες καὶ μήτε τοῖς λόγοις μήτε τοῖς ἔργοις στέργοντες.

ἰδοῦσα δὲ ἡ μήτηρ τοῦ λέοντος μηδὲν πρὸς τὰ τοιαῦτα ἀπολογούμενον τὸν υἱὸν εἶπεν· ἴσως κατεψεύσαντο τοῦτον οἱ διαβάλλοντες. δοκεῖ γὰρ ἀληθῆ φθέγγεσθαι ὁ ἐπὶ μέσου καὶ ἐνώπιον τοῦ βασιλέως παρρησιαζόμενος καὶ παρὰ μηδενὸς τρεπόμενος.

(61) προσέταξεν οὖν ὁ λέων τηνικαῦτα καθειρχθῆναι καὶ δεσμευθῆναι τὸν Ἰχνηλάτην, ἄχρις ἂν τὰ κατ' αὐτὸν ἐξετάσῃ. μετὰ δὲ τὸ φρουρηθῆναι τοῦτον καθωμολόγησε τῷ λέοντι ἡ μήτηρ αὐτοῦ τὸν εἰπόντα καὶ ὡς λεοντόπαρδος ἦν.

ὁ δὲ λέων εἶπεν· ἔασον τοῦτον. ὄψει γάρ, ἅπερ πείσεται.

(62) νυκτὸς δὲ ὁ Στεφανίτης πρὸς τὸν Ἰχνηλάτην παραγενόμενος καὶ δέσμιον αὐτὸν θεασάμενος ἔκλαυσε καὶ εἶπε·

Er sagte: So etwas ist der Verräter von Geheimnissen, der Mann, der die Weise von Frauen nutzt, und die Frau, welche die von Männern nutzt, auch der Gast, der sich als Herr des Hauses bezeichnet und derjenige, der sich beim König für etwas verteidigt, dessen er nicht beschuldigt ist.

Die Mutter des Löwen sagte: Weißt du nicht, o Ichnelates, was ich Gewaltiges tun werde?

Er sagte: Wer Gewaltiges tut, hat kein Wohlwollen gegen einen anderen und wehrt auch nicht die kommenden Übel ab.

Sie sagte: Nimm nicht an, du Treulosester, dass du der Strafe für dein Vergehen durch die lügnerischen Fehlschlüsse entkommst.

Der Ichnelates sagte: Von dieser Art sind diejenigen, die Lügen erfinden und das Recht beugen und weder mit Worten noch mit Taten lieben.

Als die Mutter des Löwen sah, dass zu alledem ihr Sohn nichts äußerte, sagte sie: Vielleicht haben diesen die Verleumder lügnerisch angeklagt. Es scheint die Wahrheit zu sagen, wer inmitten und vor dem Angesicht des Königs frei heraus spricht und dem von niemandem widersprochen wird.

(61) Der Löwe aber befahl, den Ichnelates ins Gefängnis zu bringen, und ihn so lange genau zu bewachen, bis er selbst die Sache geprüft habe. Nachdem man ihn ins Gefängnis gebracht hatte, gestand dem Löwen seine Mutter denjenigen, der geredet hatte, und dass es der Leopard war.

Der Löwe sagte: Lasse ihn. Siehe nämlich, was er erleiden wird.

(62) In der Nacht traf der Stephanites bei dem Ichnelates ein, sah ihn in Fesseln, bedauerte ihn und sagte: Dies ist es, was ich

ταῦτά εἰσιν, ἅπερ σοι προέλεγον, καὶ τῇ οἰήσει σου καὶ τῇ φιλαυτίᾳ ἡττώμενος οὐ προσεδέχου. ὅρα οὖν τὴν ἀπόβασιν.

ὁ δὲ Ἰχνηλάτης εἶπεν· ἀληθῶς εἶπας. οὐ γὰρ διέλειπες παραινῶν μοι τὰ συμφέροντα, ἀλλ' ἐγώ σου οὐχ ὑπήκουον ἀπληστίαν νοσῶν ὁ ἄθλιος. πέπονθα γάρ τι ταὐτὸν τοῖς νοσοῦσιν, οἵτινες εἰδότες, ὡς βλάπτονται παρά τινος τῶν ἐδεσμάτων, οὐκ ἀπέχονται τούτων. καὶ νῦν οὐ δι' ἐμαυτὸν ἀλύω, ἀλλὰ δέδοικα περὶ σοῦ, μήποτε διὰ τὴν μεταξὺ ἡμῶν φιλίαν συλληφθῇς καὶ σὺ καὶ βασανισθῇς καὶ ὁμολογήσῃς τὰ κατ' ἐμέ, καὶ θάνατόν μου καταψηφίσωνται ἄωρον, καὶ συναναιρεθῇς μοι καὶ σύ.

ὁ δὲ Στεφανίτης εἶπε· κἀγὼ ταῦτα διελογισάμην, ἀλλὰ συναινῶ σοι καθομολογῆσαί σου τὸ ἁμάρτημα. κρεῖττον γάρ σοι κολασθῆναι ἐνταῦθα προσκαίρως ἢ ἐκεῖσε αἰώνια.

ὁ δὲ Ἰχνηλάτης εἶπεν· ἀνέξομαι, μέχρις ὅτου ἴδω, εἰς τί καταντήσει τὰ κατ' ἐμέ.

(63) ὁ δὲ Στεφανίτης ὁμοῦ περίλυπος καὶ περίδειλος γεγονὼς ἀπαλλαγεὶς πέπωκε δηλητήριον καὶ ἐξέπνευσε.

(64) τῇ δὲ ἐπαύριον προσεκαλέσατο ὁ λέων τόν τε κριτὴν καὶ τὸν λεοντόπαρδον καὶ τὸν Ἰχνηλάτην ὥστε ἐπὶ μέσου κριθῆναι καὶ συνελθόντων ἁπάντων ἔφη ὁ λεοντόπαρδος· ὁ βασιλεύς, ὦ συστρατιῶται, οὐ διαλείπει φροντίζων περὶ τῆς τοῦ ταύρου ἀναιρέσεως καὶ τῆς τοῦ Ἰχνηλάτου κακίστης προαιρέσεως. λοιπὸν οὖν εἴ τις ἐξ ὑμῶν συνοῖδέ τι περὶ αὐτοῦ, ἀναφερέτω τὸ τοιοῦτον. οὐ γὰρ βούλεται ἀνεξέταστον τὴν δίκην ἐπενεγκεῖν.

dir vorhergesagt habe; von deinem Stolz und Hochmut überwunden hast du es nicht erwartet. Siehe nun den Ausgang des Geschehens.

Der Ichnelates sagte: Wahr hast du gesprochen. Du ließest nicht nach, mir das Nützliche in Mahnreden darzulegen, aber ich Unglücklicher habe nicht auf dich gehört, der ich an Unersättlichkeit litt. Erlebt habe ich etwas wie die Kranken, die wissen, wie ihnen von einer der Speisen Schaden zugefügt wird, sich aber ihrer nicht enthalten. Auch jetzt bin ich nicht um mich besorgt, sondern fürchte für dich, dass auch du wegen der zwischen uns bestehenden Freundschaft ergriffen und gefoltert wirst und alles, was mich betrifft, zugibst. Mir wird ein unzeitiger Tod beschlossen werden; du wirst mit mir zusammen hingerichtet werden.

Der Stephanites sagte: Das habe ich alles bedacht, aber ich rate dir, das Vergehen zu gestehen. Es ist nämlich für dich besser, auf der Stelle zur rechten Zeit bestraft zu werden als anderswo später.

Der Ichnelates sagte: Ich will es aushalten, solange ich sehe, wohin meine Angelegenheit sich wendet.

(63) Der Stephanites war zugleich traurig und erschrocken geworden, ging fort, trank ein Gift und starb.

(64) Am folgenden Tag rief der Löwe einen Richter herbei, ebenso den Leoparden und den Ichnelates, damit sie inmitten (des Hofs) verurteilt würden. Als alle zusammenkommen waren, sagte der Leopard: Der König, o Mitsoldaten, hört nicht auf, über die Tötung des Stiers und die sehr schlechte Gesinnung des Ichnelates nachzudenken. Im Übrigen also, wenn einer von euch also etwas darüber weiß, soll er es vortragen. Er will nämlich nicht ohne Prüfung das Urteil sprechen.

ὁ δὲ κριτὴς εἶπε· καλῶς ἔφη οὗτος. καὶ εἴ τις οἶδε περὶ ταύτης τῆς ὑποθέσεως, ἀναγγειλάτω. πονηροῦ γὰρ ἀνδρὸς ἀναιρουμένου συστολὴ κακοῦ, καὶ πρὸς τὸ συμφέρον ὁρᾷ τὸ τοιοῦτον τῆς πολιτείας.

οἱ δὲ ἀκούσαντες ἐσιώπησαν. ὁ δὲ Ἰχνηλάτης εἶπεν· ἵνα τί σιωπᾶτε, ὦ οὗτοι; εἴ τις ἐξ ὑμῶν οἶδέ τι περὶ ἐμοῦ, λαλησάτω, κἀγὼ ὑπεραπολογήσομαι. εἰ γὰρ μή, ἃ οἶδε, λέγει, ταὐτόν τι πείσεται τῷ τοῦ ἀμαθοῦς ἰατροῦ.

(65) λέγεται γάρ, ὥς τις τοιοῦτος ἰατρὸς ἐπεδήμησε πόλει τινί. ἔτυχε δὲ τὴν θυγατέρα τοῦ ἐξουσιαστοῦ ταύτης τῆς πόλεως νόσῳ περιπεσεῖν καὶ διωρίσατο σοφός τις ἰατρὸς τυφλὸς χρήσασθαι ταύτην ἀδιάντῳ. προσεκλήθη οὖν ὁ ξένος ἰατρὸς ὥστε διακρῖναι τὸ ἀδίαντον ἐκ τῆς θανατηφόρου κοίτης, καὶ τοῦτο ἀγνοῶν ἐντεριώνη ἀντ' αὐτοῦ προσελάβετο καὶ δέδωκε πιεῖν τῇ γυναικί. ἡ δὲ πιοῦσα τὸ τοιοῦτον δυσεντερίᾳ περιπεσοῦσα ἐτελεύτησεν. ἐβιάσθη οὖν ὁ ἀμαθὴς ἰατρὸς ἐκ ταύτης πιεῖν καὶ πιὼν περὶ τὸ ζῆν ἐκινδύνευσεν.

(66) οὕτως οὖν ὁ ποιῶν καὶ λέγων, ἃ οὐκ οἶδε, πείσεται.

ἀναστὰς οὖν ὁ πρωτομάγειρος εἶπεν· ἀκούσατέ μου τῶν λόγων, ὦ στρατιῶται, φυσιογνωμονικὸς γάρ εἰμι, καὶ πρόδηλός μοι ὁ Ἰχνηλάτης καταφαίνεται δόλιός τε καὶ μοχθηρότατος. λέγεται γάρ, ὡς ὁ ἔχων τὸν ἀριστερὸν ὀφθαλμὸν τῷ μεγέθει βραχύτατον καὶ ἀκινητότατον καὶ τὰς ὀφρύας ἀλλήλων διεστηκυίας καὶ ἐν τῷ βαδίζειν τὴν κεφαλὴν κλίνων συκοφάντης ὁ τοιοῦτός ἐστι καὶ πονηρότατος. ὁρῶμεν δὲ τοιοῦτον τοῦτον τὸν ἄθλιον.

ὁ δὲ Ἰχνηλάτης ὑπολαβὼν εἶπε· πάντες ἐσμὲν ὑπὸ τὸν οὐρανὸν καὶ οὐδεὶς ἡμῶν ὑπεραναβαίνει τοῦτον, καὶ οὗτος

Der Richter sagte: Das hat dieser gut gesagt. Und wenn jemand über diese Hypothese etwas weiß, soll er es melden. Wenn ein boshafter Mann getötet wird, ist das ein Ende des Übels; eine Wendung zum Nutzen des Staats sieht Derartiges.

Die das hörten, schwiegen. Der Ichnelates sagte: Warum schweigt ihr denn, ihr Leute? Wenn einer von euch etwas über mich weiß, soll er sprechen, und ich werde mich dagegen verteidigen. Wer aber nicht sagt, was er weiß, wird er dasselbe erleiden wie der unwissende Arzt.

(65) Man erzählt nämlich: Ein Arzt dieser Art reiste durch eine Stadt. Es traf sich, dass dort die Tochter des Machthabers jener Stadt krank darnieder lag; ein anderer weiser und blinder Arzt hatte bestimmt, dass sie *adianton* (Frauenhaarfarn) anwenden solle. Es wurde nun der fremde Arzt herbeigerufen, damit er das *adianton* aus dem Giftkasten nehme; er aber kannte es nicht und nahm stattdessen *enterione* (Pflanzenmark) und gab dies der Frau zu trinken. Sie trank es, verfiel in Dysenterie (Ruhr) und starb. Der unwissende Arzt wurde nun gezwungen, auch davon zu trinken und kam in Lebensgefahr

(66) So also leidet derjenige, der tut und sagt, was er nicht weiß.

Da stand der *Protomageiros* auf und sagte: Hört meine Rede, Soldaten, denn ich bin ein Physiognomie-Kundiger. Es ist mir ganz deutlich, dass der Ichnelates listig und sehr verkommen ist. Man erzählt nämlich, dass der, dessen linkes Auge kleiner als das rechte und unbeweglich ist, dessen Augenbrauen weit voneinander abstehen und der beim Gehen den Kopf neigt, ein Sykophant und höchst boshaft ist. Wir sehen also diesen Unglücklichen von dieser Art.

Der Ichnelates sagte darauf: Wir alle sind unter dem Himmel und niemand geht über ihn hinaus; dieser da, der das sag-

ὁ ταῦτα λέγων δοκησισώφρων ἐστίν. εἰ οὖν, ὥς φησιν, *αἱ ψυχικαὶ δυνάμεις ἕπονται ταῖς τοῦ σώματος κράσεσι*, τί δεῖ κολάζειν τοὺς βίᾳ παρανομοῦντας ἢ βραβεῖα χορηγεῖν τοῖς ὀρθῶς πολιτευομένοις; ἔοικάς μοι, ὦ ἄφρον, *τὴν ἐν τῷ ὀφθαλμῷ σου δοκὸν μὴ ὁρᾶν, τὸ δὲ κάρφος τὸ ἐν τῷ ὀφθαλμῷ τοῦ πλησίον διακρίνειν* ταὐτόν τι πεπονθὼς τῇ ἄφρονι ἐκείνῃ γυναικί.

(67) λέγεται γάρ, ὡς δύο γυναῖκες μετὰ καὶ ἀνδρὸς ἔκ τινος αἰχμαλωσίας διαδράσαντες γυμνοὶ ξύλα συνῆγον. μία δὲ αὐτῶν ῥάκει τινὶ προστυχοῦσα τὴν ἰδίαν αἰσχύνην τούτῳ περιεκάλυψεν. ἐπιστραφεῖσα δὲ πρὸς τὴν ἑτέραν εἶπεν· οὐκ αἰσχύνῃ γυμνὴ βαδίζουσα, πρὸς ἣν ὁ ἀνὴρ ἔφη· κατέλιπες, ὦ ἀσύνετε, τὸ τὴν ἰδίαν ὁρᾶν γύμνωσιν καὶ ὀνειδίζεις αὐτὴν ἐπὶ τούτῳ.

(68) τοιοῦτος οὖν καὶ σύ, ὦ πρωτομάγειρε, καθέστηκας καὶ σαυτὸν οὐ περισκοπεῖς δυσώδεις ἔχων τῇ σαρκὶ μώλωπας. εἶτα καὶ κατατολμᾷς παρίστασθαι βασιλεῖ καὶ τὴν τούτου δίαιταν μεταχειρίζεσθαι. ταῦτα ἀκούσας ὁ πρωτομάγειρος μετεμελέθη, ἐφ' οἷς εἶπε, καὶ ἔκλαυσε. καὶ ἀναμαθὼν παρά τινος ὁ λέων τὰ λεχθέντα ἐξεδίωξε τοῦτον.

(69) καὶ ἐσημειώθη ἐν γραφῇ τὰ τῆς δίκης καὶ αὖθις καθείρχθη ὁ Ἰχνηλάτης. ἕτερος δέ τις φίλος τοῦ Ἰχνηλάτου παρεγένετο πρὸς αὐτὸν καὶ ἀνήγγειλεν αὐτῷ τὸν τοῦ Στεφανίτου θάνατον, ἐφ' ᾧ πάνυ λυπηθεὶς καὶ πικρῶς κλαύσας ἔφη· τί με δεῖ τὸ ζῆν ἀσπάζεσθαι στερηθέντα φίλου φιλτάτου καὶ εὐγνώμονος; κάλλιστα οὖν ἔφη ὁ εἰπών, ὡς *ἐν καιρῷ πειρασμοῦ* συρρέει πανταχόθεν τὰ δεινά.

te, ist ein eingebildeter Weiser. Wenn also, wie er sagte, die seelischen Kräfte den Mischungsverhältnissen (der Säfte) im Körper folgen (vgl. Galen, *Quod animi mores corporis temperamenta sequantur* Kühn IV 767–822), warum muss man dann die bestrafen, die mit Gewalt Gesetze brechen, oder aber Preise für die aussetzen, die gute Bürger sind? Du scheinst mir, du Dummer, den Balken im eigenen Auge nicht zu sehen, den Splitter in dem deines Nächsten aber wahrzunehmen (*Lukasevangelium* 6,41) und dasselbe zu erfahren wie jene dumme Frau.

(67) Man erzählt nämlich: Zwei Frauen entflohen mit einem Mann aus einer Gefangenschaft ganz nackt und blieben in einem Wald. Eine von ihnen stieß zufällig auf einen Lappen und bedeckte damit ihre Scham. Als sie zur anderen zurückkehrte, sagte sie: Schämst du dich nicht, nackt herumzulaufen? Zu ihr sagte der Mann: Du hast es versäumt, du Törichte, die eigene Nacktheit zu sehen und tadelst jene deswegen.

(68) Als so einer hast auch du, o *Protomageiros*, dich hingestellt und dich nicht umgeschaut, der du hässliche Striemen im Fleisch hast, doch wagst du es, beim König aufzutreten und die Mahlzeit für ihn zu bereiten. Dies hörte der *Protomageiros*, bereute, was er gesagt hatte, und weinte. Als aber der Löwe von jemanden das Gesagte hörte, verjagte er ihn.

(69) Die Angelegenheiten des Prozesses wurden schriftlich niedergelegt und der Ichnelates kam wieder ins Gefängnis. Ein anderer Freund des Ichnelates kam zu ihm und erzählte ihm vom Tod des Stephanites. Darüber war er sehr betrübt, weinte bitterlich und sagte: Was soll ich das Leben begrüßen, der ich des liebsten und klügsten Freundes beraubt bin? Sehr gut gesprochen hat derjenige, der gesagt hat, dass zu der Zeit der Anfechtung (*Lukasevangelium* 8,13) von überall her das Gewaltige zusammenfließt.

(70) εἶτα καὶ αὖθις παρέστη τῷ δικαστηρίῳ καὶ ἰδὼν τοῦτον ὁ στρατηγὸς εἶπεν· ἔγνων, ὦ Ἰχνηλάτα, τὰ ἔργα σου καὶ οὐ καταλέλειπταί τις περὶ σοῦ ἀμφιβολία. καὶ εἰ μὴ ἡ τοῦ βασιλέως εὐσπλαγχνία μεγίστη καὶ ἄπειρος ἦν, οὐκ ἂν μέχρι τοῦδέ σε ζῆν εἴασεν.

ὁ δὲ Ἰχνηλάτης εἶπεν· εἰ πολλὴ καὶ ἄπειρος ἡ ἐκείνου εὐσπλαγχνία, ἀλλ᾽ ἀνεξήγητος ἡ σὴ ἀπόνοια καὶ σκληροκαρδία. ὁρῶ γάρ σε τῶν σῶν θελημάτων ἀνδράποδον πρὸ τῆς καταδίκης μου βίαιον καταψηφιζόμενον θάνατον. καὶ οὐ μέμφομαί σοι τοῦδε τοῦ τρόπου. ἀεὶ γὰρ οἱ φαῦλοι τοῖς σπουδαίοις ἀντικαθίστανται.

ὁ δὲ κριτὴς ὑπολαβὼν εἶπε· δεῖ τοὺς ἄρχοντας τὴν ἀλήθειαν παρρησιάζεσθαι καὶ ἐλέγχειν καὶ ἐπιτιμᾶν τοῖς ἀπαιδεύτοις ἀνδράσιν. ἀλλὰ συναινῶ σοι, ὦ Ἰχνηλάτα, προαιρεῖσθαι τὸ ἐνταῦθα κολασθῆναι ἢ ἐν τῷ μέλλοντι αἰῶνι καὶ καθομολογῆσαι τὴν ἀλήθειαν.

ὁ δὲ Ἰχνηλάτης ὑπολαβὼν εἶπε· καλῶς ἔφης. δεῖ γὰρ ἅπαντα νουνεχῆ τῶν προσκαίρων προκρίνειν τὰ ἀΐδια. ἀλλ᾽ ἀθῷός εἰμι τοῦ ἐγκλήματος καὶ οὐ δεῖ με κοινωνὸν ὑμῖν γενέσθαι τῆς ὑπὲρ τοῦ αἵματός μου ἀντεκτίσεως. εἰ γὰρ ὁ ἑτέρου καταψευδόμενος ἀσύνετος λογίζεται, πόσῳ μᾶλλον ὁ ἑαυτοῦ; ἴδετε οὖν, μήπως μεταμεληθήσεσθε, ὁπόταν μὴ λυσιτελῇ μετάμελος, καὶ ἴδετε, μὴ ταὐτόν τι πείσεσθε τῷ ἀμαθῆ λέγοντι καὶ ἃ μὴ οἶδε, μαρτυροῦντι.

(71) λέγεται γάρ, ὥς τις ἱερακάριος ἠράσθη τῆς γυναικὸς τοῦ κυρίου αὐτοῦ. ἡ δὲ οὐκ ἐπεστρέφετο τούτου. καὶ ὀργισθεὶς ἐπὶ τούτῳ ἐθήρευσε μιᾷ τῶν ἡμερῶν κίσσας δύο καὶ ἐδίδαξε τὴν μὲν μίαν λέγειν Περσίδι διαλέκτῳ ὡς εἶδον τὴν κυρίαν μου συγγινομένην τῷ θυρωρῷ, τὴν δὲ ἑτέραν ὡς

(70) Er wurde wieder vor Gericht gestellt; da sah ihn der *Strategos* und sagte: Ich habe, o Ichnelates, alle deine Taten verstanden und es bleibt kein Zweifel mehr über dich. Und wenn die Gnade des Königs nicht so sehr groß und unendlich wäre, hätte er dich nicht bis jetzt am Leben gelassen.

Der Ichnelates sagte: Wenn dessen Gnade so groß und unendlich ist, dann ist aber deine Unwissenheit und Hartherzigkeit unbeschreiblich. Ich sehe dich als Sklaven deines Willens, der für mich noch vor dem Prozess einen gewaltsamen Tod beschlossen hat. Aber ich mache dir diese Art nicht zum Vorwurf: Immer nämlich sind die Schlechten den Redlichen entgegengestellt.

Der Richter sagte darauf: Die Herrschenden müssen frei die Wahrheit sagen, Untersuchungen anstellen und die ungebildeten Männer bestrafen. Dir aber rate ich, Ichnelates, die Bestrafung hier der in der kommenden Ewigkeit vorzuziehen und die Wahrheit zu gesehen.

Der Ichnelates sagte darauf: Gut hast du gesprochen. Es muss nämlich jeder Verständige das Ewige dem Gegenwärtigen vorziehen. Aber ich bin frei von diesem Vorwurf und brauche mich nicht mit euch in der Zuerkennung der Todesstrafe gemein zu machen. Wenn schon der als dumm angesehen wird, der fälschlich von einem anderen angeklagt wird, um wie viel mehr es derjenige, der dies gegen sich selbst tut? Seht nun, dass ihr nicht bereut, wenn die Reue nichts nützt, und seht, dass ihr nicht dasselbe erleidet wie der, welcher ohne Kenntnis sprach und bezeugt, was er nicht wusste.

(71) Man erzählt nämlich: Ein Falkenhüter verliebte sich in die Frau seines Herrn; sie aber war ihm nicht zugewandt. Darüber wurde er zornig und fing eines Tags zwei Elstern und lehre die eine, in persischem Dialekt zu sagen: ›Ich habe meine Herrin mit dem Türhüter verkehren sehen‹, die andere aber: ›Ich sage

ἐγὼ οὐδὲν λέγω. μιᾷ δὲ τῶν ἡμερῶν ἔτυχε τὸν κύριον αὐτοῦ Πέρσαις τισὶ συνεστιᾶσθαι· οἳ δὴ καὶ ἀκούσαντες τῶν κισσῶν ᾐδέσθησαν καὶ εἶπον αὐτῷ, ἅπερ αἱ κίσσαι ἔλεγον. ὁ δὲ ἱερακάριος ἔξωθεν παριστάμενος ἔφη· κἀγὼ συμμαρτυρῶ καὶ τὸ τοιοῦτον εἶδον οὐχ ἅπαξ ἀλλὰ καὶ πολλάκις. ὁ δὲ θυμοῦ πλησθεὶς ἔμελλε τὴν ἰδίαν ἀποκτεῖναι γυναῖκα. ἡ δὲ τῷ ἰδίῳ ἀνδρὶ τὰ τοῦ ἱερακαρίου ἀνήγγειλε καὶ ὡς δόλον ὁ τοιοῦτος κατ' αὐτῆς συνέρραψε διὰ τὸ μὴ πεισθῆναι αὐτῷ περὶ τὴν αἰσχρουργίαν, καὶ ὡς οὐχ ἑτέραν λέξιν Περσικὴν οἴδασιν αἱ κίσσαι πλὴν τοῦ λόγου, οὗ ἐδιδάχθησαν. καὶ ἐπερωτήσαντες οἱ Πέρσαι περί τινων ἑτέρων ὑποθέσεων εὗρον ταύτας μηδὲν ἕτερον μαθούσας ἢ τὸ αἰσχρὸν ἐκεῖνο ἀπόφθεγμα. ἐλθοῦσα δὲ ἡ γυνὴ πρὸς τὸν ἱερακάριον ἔφη· οὐ φοβῇ τὸν θεόν; τοιαῦτά μου καταμαρτυρεῖς; οὕτως ἔχει τὸ πρᾶγμα; ὁ δὲ εἶπε· ναὶ μὴν οὕτως ἦν. καὶ τοῦτο λέγοντος αὐτοῦ ἄφνω ἐκπηδήσας ὁ ἱέραξ τοὺς δύο ὀφθαλμοὺς αὐτοῦ ἐξεκέντησεν.

(72) οὕτως ἄρα καὶ ὑμεῖς πείσεσθε, εἰ ψευδῶς μου καταμαρτυρήσετε. μηδενὸς οὖν τὸν Ἰχνηλάτην καταδικάσαι ἰσχύσαντος αὖθις ἐφρουρήθη ἐφ' ἡμέρας ἑπτά. ἡ δὲ μήτηρ τοῦ λέοντος ἐν τῷ μεταξὺ πρὸς τὸν λέοντα ἔφη· εἰ τὸν ἀσεβέστατον τοῦτον τοῦ ἐγκλήματος ἀπολύσεις, ἴσθι, ὡς ἕκαστος τῶν ὑπὸ σέ, ὃ βούλεται, ἀνυποστόλως διαπράξεται πληροφορούμενος τοῦ μὴ τίσειν δίκας, ὧν ἔπραξεν.

ἰδὼν οὖν ὁ λέων τὴν ἔνστασιν τῆς ἰδίας μητρὸς προσέταξε τὸν Ἰχνηλάτην ἀναιρεθῆναι.

(73) εἶτα ὁ φιλόσοφος εἶπε· σκοπητέον τὰ τοιαῦτα καὶ διαγνωστέον, ὡς πᾶς τις ἀνὴρ δόλον καθ' ἑτέρου συρράπτων ἐμπεσεῖται εἰς βόθρον, ὃν εἰργάσατο.

nichts‹. Eines Tags traf es sich, dass der Herr mit einigen Persern zusammen aß; als diese die Elstern hörten, freuten sie sich und sagten ihm, was jene sagten. Der Falkenhüter aber stellte sich draußen hin und sagte: Auch ich bezeuge, dass ich diese gesehen habe, nicht nur einmal, sondern oft. Der Herr aber wollte voll Zorn seine eigene Frau töten. Sie aber erzählte ihrem eigenen Mann die Sache vom Falkenhüter und wie dieser Mann eine List gegen sie eingefädelt habe, da er von ihm nicht wegen der Übeltat überzeugt worden sei, und dass die Elstern keinen anderen persischen Spruch wüssten als den, welchen man ihnen beigebracht hatte. Und als die Perser sie wegen mancher anderen Hypothesen fragten, fanden sie, dass diese nicht anderes gelernt hatten als jenen schändlichen Spruch. Es kam die Frau zum Falkenhüter und sagte: Hast du denn keine Gottesfurcht? Derartig sagst du gegen mich aus? Verhält sich die Sache so? Er sagte: Ja, so war es. Und als er dieses gesagt hatte, kam ein Falke herbei und stach ihm beide Augen aus.

(72) So wird es euch auch gehen, wenn ihr gegen mich falsche Zeugenaussagen macht. Als nun niemand mehr wagte, den Ichnelates zu verurteilen, wurde er weitere sieben Tage ins Gefängnis geworfen. Die Mutter des Löwen sagte in der Zwischenzeit zum Löwen: Wenn du diesen Ehrlosesten von dem Vorwurf freisprichst, dann wisse, dass jeder deiner Untertanen das, was er will, ohne Scheu ausführen wird, da er überzeugt davon ist, dass er keine Strafe für das wird büßen müssen, was er getan hat.

Da sah der Löwe den Einwurf seiner eigenen Mutter und befahl, dass der Ichnelates getötet werde.

(73) Da sagte der Philosoph: Zu betrachten ist dies und zu erkennen, wie jeder Mann, der eine List gegen einen anderen ersinnt, in die Grube fällt, die er gegraben hat.

3.

(74) Ὁ δὲ βασιλεὺς εἶπε· διέγνων τὰ τοιαῦτα παραδείγματα. λοιπὸν ἀνάγγειλόν μοι τὰ ὑποδείγματά τινων ἀντιφιλούντων ἀλλήλους καὶ τῇ φιλίᾳ ἀεὶ συστοιχούντων.

ὁ δὲ φιλόσοφος εἶπε· φίλου πιστοῦ οὐκ ἔστιν ἀντάλλαγμα τῶν ὄντων οὐδὲν καὶ δεῖγμα τοῦτο σαφέστατον τὸ τοῦ κόρακος καὶ τοῦ μυὸς καὶ τῆς δορκάδος καὶ τῆς χελώνης παράδειγμα.

(75) λέγεται γάρ, ὡς ἔν τινι πόλει ἦν τόπος πρὸς θήραν ἐπιτήδειος, ἐφ' ᾧ τις τῶν θηρευτῶν συνεχῶς παρεγίνετο. ἦν δὲ ἐκεῖσε δένδρον ὑψιπέτηλον καὶ συνηρεφές, καὶ ἐνεφώλευε τούτῳ κόραξ. μιᾷ δὲ τῶν ἡμερῶν εἶδέ τινα θηρευτὴν ἐκ τοῦ δένδρου δυσειδῆ τῷ μὲν τραχήλῳ δίκτυον ἐπιφερόμενον, ῥάβδον δὲ τῇ χειρὶ κατέχοντα. καὶ τοῦτον ἰδὼν ἐδειλίασε καὶ διελογίσατο καθ' ἑαυτὸν ἐμβῆναι τῇ οἰκείᾳ φωλεᾷ καὶ θεάσασθαι, τί μέλλει οὗτος ποιῆσαι. ὁ δὲ τὸ δίκτυον ἥπλωσε καὶ ὑπ' αὐτὸ κόκκους σίτου ἔρριψε.

περιστερὰ δέ τις τῶν ἄλλων προκριτωτέρα ἰδοῦσα τοὺς κόκκους καὶ τὸ δίκτυον μὴ θεασαμένη ἐμπέπτωκεν ἐν αὐτῷ μετὰ τῶν λοιπῶν περιστερῶν τῶν ὑπ' αὐτήν. ὁ δὲ θηρευτὴς ηὐφράνθη τὰ μέγιστα. ἤρξαντο δὲ αἱ περιστεραὶ συνταράσσεσθαι καὶ ἑκάστη τὴν ἰδίαν πραγματεύεσθαι σωτηρίαν. ἡ δὲ τούτων κυρία εἶπε· μὴ θορυβεῖσθε, ἀλλ' ὁμοῦ ἀλλήλαις συναναπτήσεσθε, εἴ ποτε δυνηθείημεν ἆραι τὸ δίκτυον. αἱ δὲ τοῦτο ἐποίησαν καὶ ἦραν εἰς ἀέρα τὸ δίκτυον. καὶ τοῦτο ἰδὼν ὁ θηρευτὴς ἐθαύμασε μέν, οὐκ ἀπέγνω δέ, καὶ ἠκολούθησε ταύταις προσδοκίᾳ τοῦ μὴ ἐπὶ πολὺ προήκειν.

ὁ δὲ κόραξ δεῖν ἔγνω τὸ ἕψεσθαι ταύταις καὶ ἰδεῖν, ὅπῃ καταντήσει τὰ κατ' αὐτάς. ἡ δὲ κυρία τῶν περιστερῶν ἰδοῦσα

3.

(74) Der König sagte: Ich habe die Beispiele dieser Art ganz verstanden. Im Übrigen vermelde mir auch Beispiele von Freunden, die sich gegenseitig liebten und durch ihre Freundschaft immer fest zueinander standen.

Der Philosoph sagte: Es gibt nichts Vergleichbares zu einem treuen Freund. Das folgende deutlichste Zeichen ist das Beispiel vom Raben, vom Mäuserich, von der Gazelle und von der Schildkröte.

(75) Man erzählt nämlich: In einer Stadt gab es eine Gegend, die zur Jagd geeignet war und in der sich oft einer der Jäger einfand. Es gab dort einen sehr hohen und dichten Baum; in dem hatte sich ein Rabe eingenistet. Eines Tags sah er vom Baum aus einen hässlichen Jäger, der ein Netz um den Hals und einen Stock in der Hand hatte. Als er diesen sah, fürchtete er sich; er entschloss sich aber, in seinen eigenen Schlupfwinkel zu gehen und zuzusehen, was jener Mann machen würde. Der faltete sein Netz auseinander und streute darunter Getreidekörner aus.

Eine den anderen vorangestellte Taube sah die Körner; da sie das Netz nicht wahrnahm, fiel sie mit vielen der anderen Tauben unter ihr darüber her. Der Jäger freute sich sehr. Die Tauben begannen, beunruhigt zu sein, jede wollte ihre eigene Rettung bewerkstelligen. Ihre Anführerin sagte: Macht keinen Lärm, sondern lasst uns alle auf einmal auffliegen, ob wir nicht vielleicht das Netz anheben können. Diese taten es und hoben das Netz in die Luft. Als der Jäger dies sah, wunderte er sich, gab aber nicht auf und verfolgte sie in der Erwartung, dass sie nicht weit kommen würden.

Der Rabe verstand auch, was daraus werden müsse und wollte sehen, wohin sich ihre Sache entwickeln werde. Die Anführe-

τὸν θηρευτὴν ταύταις ἑπόμενον εἶπε πρὸς αὐτάς· ὁ ἁλιεὺς οὗτος ἐπέστη ἡμῖν, καὶ εἰ κατὰ πέδον θρέξομεν, οὐκ ἀπόσχηται τοῦ ἀκολουθεῖν ἡμῖν. εἰ δ' ἐπ' ὀρέων καὶ δυσβάτων πετρῶν τὴν πτῆσιν ποιησόμεθα, τάχιστα ἂν ἡμῶν ἀπογνῷ. πρὸς τούτοις δὲ ἔχω καὶ ὑπὸ ταύτην τὴν ὁδὸν μῦν φίλον, καὶ εἴ γε εἰς τοῦτον καταντήσομεν, τοὺς πέριξ δεσμοὺς διαρρήξει καὶ ἡμᾶς ἐλευθερώσει. καὶ ἰδὼν ὁ θηρευτὴς ταύτας τὴν συμβουλὴν ποιησάσας ἀπέγνω καὶ ὑπέστρεψεν.

(76) ὁ δὲ κόραξ ἠκολούθει ταύταις ἅμα τε καὶ τὸν τρόπον τῆς αὐτῶν σωτηρίας μαθησόμενος καὶ τὸν φίλτατον αὐταῖς μῦν θεασόμενος. ὡς οὖν ἐπὶ τὴν φωλεὰν τούτου παραγεγόνασι, κατῆλθον ἐπὶ τῆς γῆς. ὁ δὲ μῦς ἐξελθὼν καὶ ἰδὼν ταύτην περιχαρῶς ὑπεδέξατο καὶ εἶπε· τίς σε τοῖς τοιούτοις δεινοῖς, φιλτάτη, περιέπλεξεν; ἡ δὲ εἶπεν· οὐκ οἶσθα, ὡς τὰ ἀγαθὰ καὶ φαῦλα τῶν πραγμάτων πέπρωνται; ἡ εἱμαρμένη με τοῖς τοιούτοις περιέπλεξε καὶ πρὸς τοὺς κόκκους ὡδήγησε καὶ ἀβλεψίᾳ περιέπειρεν ὥστε δικτύῳ με προσπλακῆναι. οὔκουν θαυμαστὸν τὸ τούτῳ περιπεσεῖν τῷ συμπτώματι. μεγιστᾶνες γὰρ ὑπὲρ ἐμὲ μείζοσί μου προσέπεσον. ὅ τε γὰρ ἥλιος ἐπισκοτούμενος τῇ σελήνῃ ἐκλείπει, καὶ ἡ σελήνη τῇ σκιᾷ τῆς γῆς συγκαλύπτεται, καὶ ὁ θαλάσσιος ἰχθὺς ἐκ βάθους καὶ κλύδωνος ἁρπάζεται καὶ τὰ πτηνὰ ἐξ ἀέρος κατάγεται, ὅτε ὁρισθῇ τὸ τοιοῦτον· καὶ δι' οὗ πολλάκις ὁ ἀσύνετος τυγχάνει τῶν ἐφετῶν, δι' αὐτοῦ ἐκείνου ὁ ἐχέφρων ἀποτυγχάνει τῶν κατὰ σκοπόν.

ταῦτα εἰπούσης ἤρξατο ὁ μῦς κατεσθίειν τοὺς δεσμοὺς καὶ λύειν τὴν κυρίαν τῶν περιστερῶν. ἡ δὲ εἶπεν· ἄρξαι πρότερον ἐλευθεροῦν τὰς ὑπ' ἐμέ, εἶτα ἐμέ. ὁ δὲ μὴ ἐπιστραφεὶς τῶν αὐτῆς λόγων ἐπέκειτο τοῦ ἐλευθερῶσαι αὐτήν. ὡς οὖν ἐπὶ μακρὸν τὸν λόγον ἐκτείνασα οὐκ ἠκούετο, εἶπε· μὴ μέμ-

rin der Tauben sah den Jäger, der ihnen folgte, und sagte zu ihnen: Dieser Fänger ist hinter uns her, und wenn wir über das Feld gehen, wird er nicht davon ablassen, uns zu verfolgen. Wenn wir aber unseren Flug über Berge und schwer zugängliche Felsen machen wollen, wird er uns rasch aufgeben. Zudem habe ich unterhalb dieses Weges einen Mäuserich als Freund, und wenn wir zu dem gekommen sind, wird er die Fesseln ringsum zerreißen und uns befreien. Als der Jäger sie diesen Ratschluss fassen sah, gab er auf und kehrte um.

(76) Der Rabe folgte ihnen, um die Art ihrer Rettung in Erfahrung zu bringen und den Mäuserich zu sehen, der ihr liebster Freund war. Als sie vor dessen Mauseloch kamen, senkten sie sich auf die Erde herab. Der Mäuserich kam heraus, sah mit Freude die Taube, begrüßte sie und sagte: Wer hat dich, liebste Freundin, in diese Gefahren irregeleitet? Sie sagte: Weißt du nicht, wie das Gute und Schlechte der Verhältnisse vorherbestimmt sind? Das Schicksal hat mich in diese Gefahren irregeleitet, zu den Körnern geführt und sie ohne Schaden aufspießen lassen, bis ich mich im Netz verfangen habe. Es ist aber nicht erstaunlich, in dieses Unglück zu stürzen, denn größere als ich hat es schon oft in größeres Unglück gestürzt. Die Sonne wird ja oft durch den Mond verfinstert und der Mond durch den Schatten der Erde verdeckt; der Fisch im Meer wird aus seiner Tiefe und den Wogen geraubt und die Vögel werden aus der Luft herabgezogen, wenn das Schicksal das so bestimmt hat. Deshalb erlangt nicht oft der Unverständige das Begehrte, und eben deshalb erlangt der Verständige das, auf was er zielt.

Während die Taube dies sagte, begann der Mäuserich die Bande zu benagen und die Anführerin der Tauben zu befreien. Sie sagte: Beginne zuerst meine Untertanen zu befreien, dann mich. Der Mäuserich kümmerte sich nicht um ihre Worte und fuhr also fort, sie zu befreien. Als sie ihre Rede über lange Zeit ausgedehnt hatte, er aber nicht hörte, sagte sie: Tadle

φου μοι, ὦ μῦ, ὑπὲρ ὧν σοι προστάσσω. ἐπεὶ γὰρ δέδωκέ μοι ὁ θεὸς τὴν κατ' αὐτῶν ἐξουσίαν, ἐποφείλεται ταύταις ἡ παρ' ἐμοῦ πρόνοια, ἐπεὶ καὶ εὐγνωμόνως μοι ἐξυπηρέτησαν. καὶ διὰ τῆς τούτων συμμαχίας καὶ συναντιλήψεως ὁ θεὸς τῶν παγίδων τοῦ θηρευτοῦ ἡμᾶς ἐλυτρώσατο. δέδοικα δὲ πρὸς τούτοις, μήπως εἰ πρότερόν με λύσεις, πρός τινα τούτων καταντήσας ἀπείπῃς καὶ ταύτην ἐάσῃς ἀνέκλυτον. εἰ γὰρ ἔγωγε μόνη καταλειφθείην, ἀναγκασθήσῃ με τῶν δεσμῶν ἀπολύειν. ὁ δὲ μῦς εἶπεν· οὗτοί σε οἱ λόγοι ἐπὶ πλέον φιλεῖν τοὺς ὑπὸ σὲ καὶ τοὺς οἰκείους διερεθίζουσι. καὶ ταῦτα εἰπὼν ἔλυσε πάσας τῶν δεσμῶν καὶ λυθεῖσαι ἀπηλλάγησαν.

(77) ἰδὼν οὖν ὁ κόραξ τὸ πραχθὲν κατῆλθεν ἐπὶ τὴν μυωπίαν τοῦ μυὸς καὶ ἐφώνησε τοῦτον. ὁ δὲ εἶπε· τίς εἶ, φίλτατε; ὁ δὲ εἶπεν· ἐγώ εἰμι ὁ κόραξ καὶ ἰδών σου τὴν πρὸς τοὺς φίλους διάθεσιν ἠθέλησα φιλιωθῆναί σοι, καὶ ἐπὶ τούτῳ προσῆλθόν σοι. ὁ δὲ μῦς εἶπε· τί κοινὸν ἐμοί τε καὶ σοί; δεῖ γὰρ τὸν νουνεχῆ τὰ δυνατά, οὐχὶ τὰ ἀδύνατα ἐπιζητεῖν. ὁ γὰρ τοιούτοις ἐπιχειρῶν ἔοικε τῷ καθ' ὕδατος ἐλαύνοντι ἅμαξαν, κατὰ δὲ τῆς ξηρᾶς πλοῖον. πῶς γάρ σοι ἔσομαι φίλος βρῶσις ὑπάρχων σοι;

ὁ δὲ κόραξ εἶπε· διάκρινε τῷ συλλογισμῷ τὰ εἰκότα. οὐδὲν γάρ μοι λυσιτελεῖ τὸ διὰ σοῦ τραφῆναι. πόσον γάρ μοι τοῦτο ὠφελιμώτερον τὸ ἐν τοῖς ζῶσι συνεῖναί σοι καὶ συνεργεῖν μοι ἐν ἅπασιν; οὐ δεῖ οὖν σε κενόν με ἀποπέμψαι τῶν ἐλπίδων. πεπληροφόρημαι γάρ σου τὴν πρὸς τοὺς φίλους εὔνοιαν, κἂν μὴ σύ μοι ταύτην ὑπέδειξας. ἀλλ' ἡ τοῦ σπουδαίου ἀρετὴ τῇ τοῦ μόσχου ἔοικεν εὐωδίᾳ, ἥτις καὶ συγκαλυπτομένη διαχεῖται καὶ κατάδηλος γίνεται.

nicht, o Mäuserich, wofür ich dir einen Auftrag erteile. Da mir der Gott deren Wohlergehen anvertraut hat, wird ihnen die Fürsorge durch mich geschuldet, da sie mir auch wohlwollend beigestanden haben. Durch deren Bündnishilfe und Beistand hat der Gott uns aus den Fallen des Jägers entkommen lassen. Ich fürchte für sie, dass du, wenn du etwa erst mich befreist, dich dann gegen eine von ihnen wendest, dich verweigerst und sie eingesperrt lassen wird. Wenn aber ich allein noch festgehalten bin, wirst du gezwungen, mich von den Fesseln zu befreien. Der Mäuserich sagte: Diese Worte stacheln dich dazu an, dass du deine Untertanen und die eigenen Leute noch mehr liebst. Als er dies gesagt hatte, löste er bei allen die Fesseln; befreit entfernten sie sich.

(77) Als der Rabe das Geschehene sah, kam er zum Schlupfwinkel des Mäuserichs herab und rief ihn. Der sagte: Wer ist da, liebster Freund? Er sagte: Ich bin der Rabe, habe deine Einstellung gegenüber deinen Freunden gesehen und möchte um deine Freundschaft bitten; zu diesem Zweck bin ich gekommen. Der Mäuserich sagte: Was ist mir und dir gemein? Der Vernünftige darf nur das Mögliche, nie das Unmögliche anstreben. Wer das versucht, gleicht einem, der einen Wagen auf dem Meer fahren möchte, auf dem Trockenen aber ein Schiff. Wie werde ich dein Freund sein, da ich deine Mahlzeit bin?

Der Rabe sagte: Beurteile das Wahrscheinliche mit einem logischen Schluss: Nichts nützt es mir, wenn ich mich durch dich ernähre. Wie viel nützlicher wird es für mich sein, wenn ich dich leben und mir in allem helfen lasse? Lasse mich also ja nicht hoffnungslos nach Hause kehren. Ich kenne zu Genüge dein Wohlwollen gegenüber den Freunden, auch wenn du es mir noch nicht bewiesen hast. Aber die Tugend eines Redlichen gleicht dem Wohlgeruch von Moschus, der, auch wenn er verborgen wird, seinen Duft verbreitet und offenbart wird.

ὁ δὲ μῦς εἶπε· μεγίστη ἐστὶν ἡ οὐσιώδης ἔχθρα. αὕτη δὲ διττή· ἡ μὲν ἀντερειστικὴ λεγομένη. ὡς ἡ τοῦ λέοντος καὶ ἐλέφαντος, ἡ δὲ φευκτή τε καὶ διωκτή, ὡς ἡ τῆς κάττης καὶ τοῦ μυός. καὶ οὐ δεῖ πιστεύειν ἐχθροῖς. τὸ γὰρ ὕδωρ κἂν τῷ πυρὶ θερμανθῇ, ἀλλ' οὐ τὴν οἰκείαν ἀποβάλλει φύσιν, ἐπεὶ καὶ τὸ πῦρ σβέννυσι τούτῳ ἐπιχεόμενον.

ὁ δὲ κόραξ εἶπεν· ἔγνων, ἃ λέγεις, ἀλλ' ἡ ἐμὴ πρὸς σὲ φιλία οὐ τοιαύτη γενήσεται, ἀλλὰ στερέμνιος καὶ παγία. ὥσπερ γὰρ τὸ χρυσοῦν ἀγγεῖον δυσσκέδαστόν ἐστι καὶ εὐκατασκεύαστον, τὸ δὲ ὀστράκινον εὔθρυπτον μέν, δυσανάκτιστον δέ, οὕτως ἡ μὲν εἰλικρινὴς φιλία ἐστὶ δυσμετάβλητος, ἡ δὲ μὴ καθαρὰ ἄστατός ἐστι καὶ δυσίατος.

ὁ δὲ μῦς εἶπε· δέχομαί σου τὴν φιλίαν, ἐπεὶ οὐδέποτέ τινα τῶν δεομένων μου κενὸν ἀπέπεμψα, ἀλλὰ τούτοις τοῖς λόγοις ἐμαυτῷ μᾶλλον ἀπόλογον ποιῆσαι ᾑρετισάμην ἢ σοὶ. εἰ γάρ ποτε καιροῦ ἀνατρέψεις τὰς ἡμετέρας συνθήκας, οὐκ ἂν ἔχοις εἰπεῖν, ὡς εὗρον τὸν μῦν ἀσύνετον καὶ ἠπάτησα τοῦτον καὶ ἐδελέασα.

εἶτα προέκυψε τῆς ἰδίας καταδύσεως καὶ εἶπεν· οἱ ἐν τῷ βίῳ ἀναστρεφόμενοι κατὰ δύο τρόπους ἀλλήλους ἀντιφιλοῦσιν, οἱ μέν, ὅσοι ψυχικῶς φιλοῦσιν, οὐ δι' ἄλλο τι τὸν φίλον ἀσπάζονται ἢ μόνον διὰ τὰς ἑαυτῶν ψυχάς, οἱ δὲ χρειωδῶς φιλοῦντες ἕνεκά τινος ἑτέρου τῶν βιωτικῶν πραγμάτων τὴν φιλίαν συνιστῶσι, καὶ ἐοίκασιν οὗτοι τῷ θηρευτῇ, ὃς ὑπορρίπτει τὸν σῖτον δέλεαρ κάτωθεν τοῖς πτηνοῖς καὶ οὐ ταῦτα φιλοτιμούμενος ἀλλ' ἑαυτῷ τὸ συμφέρον μεταποιούμενος. ἐγὼ οὖν οὐ δι' ἄλλο τι ἐφιλιώθην σοι ἢ διὰ σεαυτὸν καὶ οὐδὲν ἕτερον κωλύει με τῆς πρὸς σὲ ἐξελεύσεως ἀλλ' ἢ τὸ δεδοικέναι τοὺς ὁμοειδεῖς καὶ ὁμοουσίους σοι, οἳ κατὰ

Der Mäuserich sagte: Das größte ist die angeborene Feindschaft. Sie ist aber zweifach: Die eine wird widerstreitend genannt, etwas die des Löwen und des Elefanten, die andere fliehend und verfolgend, etwa die der Katze und des Mäuserichs. Und man darf Feinden nicht vertrauen: Das Wasser verliert, auch wenn es vor Hitze siedet, nie seine Natur, wenn es das Feuer löscht, auf das man es schüttet.

Der Rabe sagte: Ich habe verstanden, was du sagt, aber meine Freundschaft zu dir wird nicht so sein, sondern fest und dauerhaft. So, wie ein Goldgefäß schwer zu zerlegen und gut zu reparieren, aber ein Keramikgefäß leicht zu zerbrechen und schwer wieder zusammenzufügen ist, so wird auch eine redliche Freundschaft schwer zu verändern, ein unreine aber unbeständig und schwer zu heilen sein.

Der Mäuserich sagte: Ich nehme deine Freundschaft an, da ich noch nie jemanden, der mich um etwas gebeten hatte, leer fortgeschickt habe; aber ich habe mit diesem Wort mehr mir als dir eine Entschuldigung zu machen gewählt. Wenn du nämlich irgendwann einmal unseren Vertrag brichst, wirst du nicht sagen können: ›Ich habe den dummen Mäuserich gefunden, ihn getäuscht und vernichtet.‹

Dann kam er aus seinem Schlupfwinkel heraus und sagte: Die im Leben einander Gegenübergestellten sind auf zwei Weisen gegenseitig Freunde: Die einen, die aus der Seele lieben, schätzen den Freund wegen nichts anderem als nur wegen ihrer eigenen Seele; die anderen lieben aus Nützlichkeit und erhalten wegen einer anderen der lebenswichtigen Tatsachen die Freundschaft; sie gleichen dem Jäger, der den Vögeln von unten her Getreide als Köder zuwirft und dies nicht aus Freundlichkeit, sondern um sich einen Nutzen zu verschaffen. Ich bin aber aus keinem anderen Grund dein Freund geworden als um deiner selbst willen. Nichts anderes hindert mich daran, zu dir herauszukommen, als die Furcht vor denen, die gleichgestaltig

μὲν τὴν οὐσίαν καὶ τὸ εἶδος κοινωνοῦσί σου, κατὰ δὲ τὴν γνώμην διαλλάττουσιν.

ὁ δὲ κόραξ εἶπε· μὴ φοβοῦ τούτων ἕνεκα. τῆς γὰρ εἰλικρινοῦς φιλίας τεκμήριον τὸ φιλιοῦσθαι τῷ φίλῳ τοῦ φίλου καὶ ἐχθραίνεσθαι τῷ ἐχθρῷ αὐτοῦ. κἀμοῦ γάρ σε ποθοῦντος καὶ οἱ μετ' ἐμέ σε ποθήσουσι.

ταῦτα εἰπόντος τοῦ κόρακος ἐξῆλθεν ὁ μῦς καὶ ἡ φιλία μεταξὺ τούτων ἐπαγιώθη.

(78) μιᾷ δὲ τῶν ἡμερῶν ὁ κόραξ εἶπεν· ὁρῶ σου τὴν κατάδυσιν πλησίον τῆς ὁδοῦ καὶ δέδοικα, μὴ δι' ἐμοῦ αὕτη γνωσθήσεται· ἀλλ' οἶδα τόπον κεχωρισμένον, ἐν ᾧ ἰχθύες ἱκανοὶ καὶ ἕτεραι διατροφαὶ δαψιλεῖς ὑπάρχουσιν. ἔστι δέ μοι ἐν αὐτῷ καὶ φίλη χελώνη καὶ βούλομαί σε ἐκεῖσε ἀπελθεῖν καὶ ἀναστρέφεσθαι.

ὁ δὲ μῦς εἶπε· συμπορεύσομαί σοι κἀγώ. ἐμίσησα γὰρ τὴν ἐνταῦθα διαγωγήν, δι' ἃς μέλλω σοι ἀφηγήσασθαι αἰτίας, ὅτε τὸν τόπον ἐκεῖνον καταλήψομαι.

λαβὼν οὖν ὁ κόραξ τὸν μῦν διὰ τῆς οὐρᾶς ἀπήγαγεν αὐτὸν ἐπὶ τὴν πηγήν, ἐν ᾗ ἡ χελώνη διῆγεν.

ὡς οὖν εἶδεν αὕτη τὸν κόρακα μῦν ἐπιφερόμενον, ἔδοξε τοῦτον ἀλλότριον εἶναι καὶ δειλιάσασα ὑπεκρύβη τῷ ὕδατι. θεὶς οὖν ὁ κόραξ ἐπὶ τῆς γῆς τὸν μῦν ὀνομαστὶ τὴν χελώνην προσεκαλέσατο. ἡ δὲ τὴν τούτου φωνὴν ἀκούσασα ἐξῆλθεν ἐπ' αὐτὸν καὶ ἠρώτησε τὸ πόθεν παρεγένετο. ὁ δὲ ἀνήγγειλεν αὐτῇ ἅπαντα τὰ γινόμενα.

ὁ δὲ κόραξ εἶπε πρὸς τὸν μῦν· ὑπέσχου μοι, ὡς ὅτε ἐνταῦθα καταλάβωμεν, ἀναγγεῖλαί μοι περί τινων τῶν κατὰ σέ.

und gleichartig mit dir sind, also Wesen und Gestalt mit dir gemeinsam haben, sich aber in der Gesinnung unterscheiden.

Der Rabe sagte: Fürchte dich nicht derentwegen! Ein Beweis für wahrhafte Freundschaft ist es, dass man seines Freundes Freund auch liebt, und seines Freundes Feind auch gram ist. Da ich dich schätze, werden dich auch die mit mir schätzen.

Als der Rabe dies gesagt hatte, ging der Mäuserich hinaus und die Freundschaft zwischen beiden wurde besiegelt.

(78) Eines Tags sagte der Rabe: Ich sehe, dass du deinen Schlupfwinkel nahe an der Straße hast und fürchte, dass er durch mich bekannt wird. Ich weiß aber einen anderen Ort, der weiter entfernt ist, an dem ausreichend Fische und andere Nahrungsmittel reichlich vorhanden sind. Auch habe ich als Freundin eine Schildkröte. Ich will dich dorthin forttragen und mich dort niederlassen.

Der Mäuserich sagte: Auch ich möchte mit dir reisen. Ich hasse nämlich die Lebensweise hier aus den Gründen, die ich dir erzählen will, wenn ich jenen Ort in Besitz genommen habe.

Es nahm also der Rabe den Mäuserich am Schwanz und trug ihn zu der Quelle, in der die Schildkröte lebte.

Als diese den Raben eine Maus tragen sah, glaubte sie, es wäre ein fremder Vogel, fürchtete sich und verbarg sich unter dem Wasser. Der Rabe setzte der Mäuserich auf die Erde und rief die Schildkröte namentlich herbei. Als sie seine Stimme hörte, kam sie zum ihm heraus und fragte, woher er gekommen sei. Er aber erzählt ihr alles, was geschehen war.

Der Rabe sagte zum Mäuserich: Du hast mir versprochen, dass du, wenn wir hier angekommen sind, mir etwas von dem erzählst, was dir geschehen ist.

ὁ δὲ ἔφη· (79a) ἐγὼ τὴν πρώτην ἐποιησάμην οἴκησιν παρά τινι μοναχῷ καὶ ἤσθιον λάθρα, ἃ ἡτοίμαζεν ἐδέσματα, καὶ κορεννύμενος ἐλάμβανον τὰ περιττὰ καὶ τοῖς λοιποῖς παρετίθουν μυσί. καὶ πολλάκις ὁ μοναχὸς τὴν οἰκείαν ἀναρτήσας τροφὴν οὐκ ἠδυνήθη τὴν ἐξ ἐμοῦ βλάβην διαφυγεῖν. μιᾷ δὲ τῶν ἡμερῶν ξένος τις κατέλυσε παρ' αὐτῷ καὶ ἤρξαντο ἀλλήλοις προσομιλεῖν. διὰ μέσου δὲ ὁ μοναχὸς τὰς χεῖρας ἐκρότει ἡμᾶς δεδιττόμενος.

(79b) ὁ δὲ ξένος ἐρωτήσας τὴν αἰτίαν ἔμαθεν, ὡς δι' ἐμὲ οἱ κρότοι γίνονται, καὶ εἶπεν· (83) ὁ ἀναιδὴς οὗτος μῦς οὐκ ἄνευ αἰτίας τινὸς τῶν τοιούτων κατατολμᾷ, ἀλλὰ ἐρευνήσωμεν ὁμοῦ τὰ κατ' αὐτὸν καὶ κατορύξωμεν τὴν εἴσδυσιν αὐτοῦ.

ἔτυχον δὲ κἀγὼ τηνικαῦτα ἐν ἑτέρᾳ ὀπῇ ἀκούων τὰ λεγόμενα παρ' αὐτῶν. ἦσαν δὲ ἐν τῇ ἐμῇ καταδύσει νομίσματα χίλια, ἅτινα ὑπεστρώννυον ἐμαυτῷ καὶ μέγα ἐπὶ τούτοις ἐφρόνουν. καὶ κατορύξαντες τὴν κατάδυσιν καὶ εὑρόντες τὸν χρυσὸν ἀφείλαντο τοῦτον καὶ εἶπον· ὁ χρυσὸς οὗτος διηρέθιζε τὸν μῦν καὶ διανίστα ὡς τῶν τοιούτων κατατολμᾶν, καὶ ὄψει, ὡς ἀπό γε τοῦ παρόντος ἀνίσχυρος ὁ μῦς καὶ ἀδύνατος γενήσεται. καὶ εὐθὺς ἀφῃρέθη τὸ θράσος καὶ κατεβλήθη ἡ ἔπαρσις καὶ ἀπέλειψέ μοι ἡ οἴησις καὶ κατεφρονήθην καὶ παρωράθην παρὰ τῶν μυῶν. καὶ μέλλων τῇ ἐπαύριον ἐπεισπηδῆσαι τῷ ταλάρῳ τῶν ἐδεσμάτων οὐκ ἠδυνήθην καὶ διὰ τοῦτο ἀντέστησαν καὶ ἐχθροί μοι ἐγένοντο.

ἐγὼ δὲ ἐθαύμαζον, ὅπως διὰ τοῦ χρυσοῦ καὶ οἱ φίλοι καὶ οἱ συγγενεῖς ὑπήκοοι συνίστανται, ἀλλ' οὐδ' αὐτὴ ἡ ἀγαθὴ συνείδησις δείκνυται εἰ μὴ δι' αὐτοῦ. καὶ μὴν ὁ λόγος καὶ ἡ ἰσχὺς δι' αὐτοῦ ἐπιγίνονται. ὁ δὲ τούτου ἀπορῶν οὐ δύναταί τι καταλήψεσθαι τῶν ἐφετῶν.

Der sagte: (79a) Ich hatte meine erste Wohnstätte bei einem Mönch und aß heimlich, was er sich an Nahrungsmitteln zubereitete, und wenn ich satt war, nahm ich das übrig Gebliebene und legte es für die Mäuse bereit. Oft hängte der Mönch seine eigene Speise auf, konnte aber dem Schaden durch mich nicht entgehen. Eines Tags stellte sich ein Fremder bei ihm ein und sie begannen, miteinander zu sprechen. Inzwischen klatschte der Mönch in die Hände, um uns zu vertreiben.

(79b) Der Gast aber fragte danach und erfuhr, dass der Lärm meinethalben geschah und sagte: (83) Dieser unverschämte Mäuserich wird Derartiges nicht ohne einen Grund wagen, aber lass uns gemeinsam erforschen, was ihn betrifft und seinen Schlupfwinkel umgraben.

Ich war damals in einem anderen Loch und hörte, was von ihnen gesagt wurde. Es waren in meinem Schlupfwinkel 1000 Münzen, die ich mit vergraben hatte und auf die ich sehr stolz war. Sie gruben nun den Schlupfwinkel um, fanden das Gold, nahmen es weg und sagten: Dieses Gold reizte den Mäuserich und richtete ihn auf, dass er so etwas wagte; sieh zu, wie aus dem Geschehen der Mäuserich kraftlos und machtlos werden wird. Sofort wurde der Mut genommen und die Erhebung gedemütigt und es verließ mich die Einbildung; ich wurde von den Mäusen verachtet und geringgeschätzt. Als ich am nächsten Tag in den Korb mit den Nahrungsmitteln springen wollte, konnte ich es nicht, da auch der höher gehängt war, und sie wurden mir zu Feinden.

Ich wunderte mich, wie mir wegen des Golds sowohl die Freunde als auch die Verwandten untertan geworden seien, aber ein gutes Bewusstsein sich nicht zeigte, wenn nicht durch es. Auch der Verstand und die Stärke würde durch es vermittelt; wer hingegen keines habe, könne nichts vom Erstrebten erreichen.

καὶ ἀνεμνήσθην, ὡς καλῶς ἔφη ὁ εἰπών, ὅτι *δεῖ χρημάτων καὶ ἄνευ τούτων οὐδέν ἐστι γενέσθαι τῶν δεόντων*, καὶ ὡς χρὴ πενίην

φεύγοντα καὶ ἐς μεγακήτεα πόντον
ῥιπτεῖν καὶ πετρῶν, Κύρνε, κατ' ἠλιβάτων.

καὶ ὥσπερ τὸ ὀλίγον ὕδωρ οὐ δύναται τὸν οἰκεῖον τόπον ἤγουν τὴν θάλασσαν καταλαβεῖν ἀνιμώμενον ὑπὸ τοῦ ἀέρος καὶ τῇ γῇ ξηραινόμενον, οὕτω καὶ ὁ μὴ εὐπορῶν πλούτου καταλαβεῖν ἐφετὸν οὐ δύναται. ὁ γὰρ πενίᾳ συζῶν κινδύνων κατατολμᾷ καὶ ἐφαμάρτως ἐπιχειρεῖ, δι' ὧν πολλάκις ἀπόλλει τὴν ἐνταῦθα ζωὴν καὶ τὴν ἐκεῖθεν ἀπόλαυσιν. ὁ γὰρ τῶν ἀναγκαίων ἐπιδεὴς ἀνεύφραντος γίνεται, καὶ τοιοῦτος γενόμενος μισεῖται καὶ μισούμενος λυπεῖται καὶ λυπούμενος οὐκ ἐχεφρονεῖ, καὶ ὁ μὴ ἐχεφρονῶν τὰ συμφέροντα αὐτῷ οὐκ ἐργάζεται.

εἶδον δὲ καὶ πάντα, ἃ παρὰ τοῖς πλουσίοις ἐπαινεῖται, τοῖς πένησι καταμεμφόμενα. εἰ γάρ τις πένης ἀνδρεῖός ἐστι, θρασὺς καὶ ῥιψικίνδυνος ὀνομάζεται, εἰ δὲ εὐμετάδοτος, ἀναλωτὴς καὶ εὐδάπανος, εἰ δὲ πρᾶος καὶ προσηνής, ἀδύνατος, εἰ δ' αἰδήμων, ἠλίθιος, εἰ δὲ λόγιος, φλύαρος, εἰ δὲ σιωπηλός, ἀνόητος. *καὶ ἄμεινον τοῦ βίου προαπελθεῖν ἢ τὸν ἥλιον κατὰ τὸν εἰπόντα αἰσχύνης κτήσασθαι μάρτυρα*, καὶ μάλιστα εἰ πρός τινας τῶν φειδωλῶν ποιεῖται τὴν αἴτησιν.

(84) ταῦτα διαλογιζόμενος εἶδον τὸν ξένον, ὅτε τὴν τοῦ χρυσοῦ ἐποιεῖτο διαίρεσιν, ἔν τινι βαλαντίῳ τὴν ἰδίαν μοῖραν ἐμβαλόντα καὶ τοῦτο τῇ κεφαλῇ ὑποκρύψαντα καὶ δεῖν ᾠήθην τοῦτο λάθρα ἑλκύσαι δοκῶν τοῦτον τῷ ὕπνῳ κατισχημένον. ὁ δὲ ἔξυπνος ὢν ἔλαβε τῇ χειρὶ κλάδον τινὰ περικείμενον αὐτῷ καὶ ἔτυψέ με κατὰ τῆς κεφαλῆς καὶ ἀλγήσας ὑπέστρεψα.

Auch überlegte ich, wie schön der gesprochen hat, der sagte, dass man Geld braucht und ohne es nichts vom Notwendigen geschehen kann (Demosthenes, *Olynthische Rede* 1,20) und dass man der Armut entfliehen und sich in das riesige Meer werfen muss, und von jähen Klippen herab, o Kyrnos (Theognis, *Elegien* 1,175–176).

Wie nämlich das wenige Wasser es nicht vermag, den eigenen Ort, geschweige denn das Meer, zu erfassen, wenn es von der Luft hervorgezogen dem Land die Dürre lässt, so kann auch der nicht Wohlhabende das Ersehnte nicht erlangen. Wer in Armut lebt, setzt sich Gefahren aus und versucht es risikoreich, weshalb er dort oft sein Leben und den Lebensunterhalt von da an verliert. Wem es am Notwendigen mangelt, der wird mürrisch; ein solcher wird bei andern verhasst; wer verhasst ist, wird traurig; wer trauert, ist nicht bei Trost und wer nicht bei Trost ist, schafft das ihm Nützliche nicht.

Ich sah alles, was an den Reichen gelobt und an den Armen getadelt wird. Wenn ein Armer tapfer ist, so nennt man ihn kühn und waghalsig, ist er freigebig, verschwenderisch und aufwandtreibend, ist er sanft und gütig, unvermögend, ist er schamhaft, töricht, ist er wortreich, schwatzhaft, ist er verschwiegen, dumm. Besser ist es, dem Leben zu entkommen, wie jemand gesagt hat, als die Sonne zum Zeugen für die Schande werden zu lassen (Aphthonios, *Progymnasmata* 4 p. 8–9 Rabe = p. 100 Kennedy), besonders dann, wenn gegen manche Mittellose der Vorwurf erhoben wird.

(84) Dies überlegte ich gerade, da sah ich, wie der Gast, als er die Teilung vornahm, seinen Teil in einen Beutel legte und diesen unter seinem Kopfkissen verbarg. Ich meinte, ich müsse dies heimlich stehlen, da ich glaubte, dass dieser vom Schlaf übermannt sei. Er aber wachte auf, griff nach einem Stock, der bei ihm lag, und schlug mich auf den Kopf; ich wandte mich voll Schmerzen ab.

εἶτα πάλιν τοῦ βαλαντίου κατετόλμησα. καὶ πάλιν ἰδὼν ἔτυψέ με τῷ κλάδῳ καὶ αὖθις κατὰ τῆς κεφαλῆς σφοδρότερον. καὶ εὐθὺς αἷμα ἐξερρύη μου τῶν ῥινῶν καὶ λιποθυμία μοι ἐπεγένετο. καὶ μόλις ἕλκων ἠρέμα ἑαυτὸν κατέλαβον τὴν ὀπήν. καὶ ἄφωνος ἐκείμην ὥρας ἱκανάς. καὶ ἐμίσησα τοσοῦτον τὸν χρυσὸν ὡς μηδὲ μνείαν ἀνέχεσθαι ἀκοῦσαι χρυσοῦ.

καὶ ἔγνων, ὡς πάντων αἴτιον τῶν κακῶν ἐν τῷ βίῳ ἡ πλεονεκτικωτάτη γνώμη, καὶ ὡς ὁ ἔχων ταύτην ῥᾷον ἂν κινδύνων κατά τε γῆν καὶ θάλατταν κατατολμήσειεν, ἤπερ καὶ ὁ ἐλεύθερος ἐπιχειρήσει λαβεῖν ἑτοίμου προκειμένου χρυσοῦ. ἐπληροφορήθην δὲ καί, ὡς οὐκ ἔστι μεῖζον τῆς αὐταρκείας ἀγαθόν, καὶ ὡς ἐν ἐκείνοις μάλιστα ἡ καρτερία τε καὶ ἡ ὑπομονὴ ἐπαινεῖται, ἐν οἷς οὐκ ἔστι πόρον ἢ δίοδον εὑρεῖν. λέγεται γάρ, ὡς πρώτη ἀρετὴ ἡ ἐλεημοσύνη καὶ ἐξαίρετον χρῆμα τῆς φιλίας τὸ ἁπλοϊκῶς φέρεσθαι καὶ ἀρχὴ φρονήσεως τὸ γνῶναι τὰ ἐσόμενα καὶ τῇ εὐθυμίᾳ τὸ μὴ ἀδυνάτοις ἐπιχειρεῖν. διὰ ταῦτα οὖν μετήμειψα τὸν βίον τὸν ἐρημικὸν ἀνταλλαξάμενος τοῦ ἐν οἰκήμασιν. εἶχον δὲ καὶ φίλην περιστεράν, ἥτις πρὸ τοῦ κόρακος ἐφιλιώθη μοι, ἐπεὶ οὐδεμία τέρψις ἐστὶν ἐν τῷ βίῳ τῇ τῶν φίλων συναυλίᾳ παρόμοιος. ἔγνων γὰρ ἔγωγε διὰ πείρας, ὡς οὐ δεῖ τὸν ἐχέφρονα πλείονα ἐν τῷ βίῳ τῶν ἀρκούντων ζητεῖν. ῥᾳδία δὲ ταῦτα τῷ βουλομένῳ ὡς τῆς μακαρίας φύσεως δαψιλῶς παραγαγούσης αὐτὰ τὴν ἀναγκαίαν φημὶ τροφὴν καὶ τὸ ὕδωρ. εἰ γὰρ ὑποθώμεθά τινα τοῦ κόσμου παντὸς κυριεύσαντα, οὐκ ἂν οὗτος πάντως τούτου ἀπώνατο πλὴν τὸ ἐλάχιστον. ταῦτα διαλογιζόμενος τῷ κόρακι συνωδοιπόρησα καί σε αὖθις φίλην προσελαβόμην.

(85) ἡ δὲ χελώνη ὑπολαβοῦσα ἔφη· ἔγνων, ἅπερ ἐξέφρασας κάλλιστά τε καὶ τελεώτατα· ἀλλ᾽ εἶδόν σε ἔναυλον διατηροῦντα τὴν μνήμην τῶν ἐπιγεγονότων σοι· καὶ δεῖ σε εἰδέναι, ὡς κοσμεῖ τὸν λόγον ἡ πρᾶξις, καὶ ὁ ἄρρωστος εἰ μὴ

Dann wollte ich mich wieder an den Beutel wagen, und wieder sah er mich und schlug mich mit dem Stock, und zwar erneut sehr heftig auf den Kopf, und sogleich floss mir Blut aus der Nase und mich überfiel (fast) eine Ohnmacht. Nur mit Mühe schleppte ich mich von ihm fort und kam in das Loch. Dort lag ich einige Zeit ganz verstummt. Und ich begann so viel Gold zu hassen und nicht einmal die Erinnerung zu ertragen, von Gold zu hören.

Ich verstand, dass der Ursache aller Übel im Leben das Mehr-Haben-Wollen ist, und wie derjenige, der dies hat, leichter Gefahren auf dem Land und auf dem Meer einzugehen wagt, während der Freie (nur) das Gold ergreift, was vor ihm bereit liegt. Vollends überzeugt war ich, dass es kein größeres Gut auf der Welt gibt als die Genügsamkeit und dass die Standhaftigkeit und Geduld am meisten in jenen Fällen gelobt werden, in denen kein Weg oder Durchgang zu finden ist. Man erzählt nämlich, dass die erste Tugend das Erbarmen ist, dass es eine herausragende Sache der Freundschaft ist, sich einfach tragen zu lassen, und dass es der Anfang der Besonnenheit ist, das Künftige zu erkennen und nicht mit Unmöglichem anzufangen. Deshalb habe ich ein einsames Leben gegen das in Häusern eingetauscht. Ich hatte schon die Taube als Freundin, bevor ich mit dem Raben befreundet wurde, da es keine Vergnügung im Leben gibt, die dem Zusammensein mit Freunden gleichkommt. Ich habe nämlich aus Erfahrung verstanden, dass der Vernünftige nicht mehr im Leben suchen soll als das, was genügt. Leicht ist das für den, der will, da die gütige Natur uns das Notwendige so reichlich bereitstellt, ich meine Speise und Wasser. Das habe ich mir überlegt, als ich mit dem Raben zusammen unterwegs war und dich wieder als Freundin gewonnen.

(85) Die Schildkröte sagte darauf: Ich habe verstanden, was du sehr schön und vollendet ausgedrückt hast. Aber ich sehe, dass du die Erinnerung an das, was dir geschehen ist, bei dir behältst. Du musst wissen, dass die Ausführung das Wort

χρήσεται, οἷς οἶδεν ἑαυτὸν ὠφελεῖσθαι, εἰς κενὸν ἂν αὐτῷ ἡ γνῶσις ἔνεστι μὴ δυναμένῳ διὰ ταύτης τῆς νόσου εὑρεῖν κουφισμόν. μὴ οὖν φρόντιζε περὶ πλούτου. ὁ γὰρ μεγαλόνους ἀνὴρ καὶ χωρὶς τούτου σεβάζεται, ὡς ὁ κοιμώμενος λέων, ὥσπερ πάλιν ὁ ἀσύνετος πλούσιος ἀτιμάζεται, ὡς ὁ περιδέραια χρυσᾶ περικείμενος κύων. μήτε μὴν περὶ τῆς ξενιτείας σου διαλογίζου. οὐδεὶς γὰρ τῶν συνετῶν ξένος. μήτε μνημόνευε τῶν προτέρων λόγων, ὡς ἦς ποτε ὄλβιος, νῦν δὲ γέγονας ἠπορημένος. τὰ γὰρ ἐν γενέσει καὶ φθορᾷ ἐν ῥοῇ ἐστι καὶ ἀπορροῇ, καθάπερ εἴ τις σφαῖρα, τάχιστα μετακυβευόμενα καὶ μεταρριπτόμενα. λέγεται γάρ, ὡς ταῦτά ἐστι τῶν ἄλλων ἀστατώτερα, τὸ τοῦ νέφους σκίασμα καὶ ἡ τῶν μοχθηρῶν ἀνδρῶν φιλία καὶ ὁ τῶν γυναικῶν ἔρως καὶ ὁ ψευδὴς ἔπαινος καὶ ὁ πλοῦτος. καὶ ὁ νουνεχὴς οὔτε τῇ τοῦ πλούτου δαψιλείᾳ ἐπιτέρπεται οὔτε μὴν ἀλύει τῇ ὀλιγότητι.

ὡς οὖν ἤκουσεν ὁ κόραξ τὴν τῆς χελώνης διάλεξιν εὐφράνθη ἐπὶ τούτῳ καὶ εἶπεν, ὡς οὐδὲν ἕτερόν ἐστι κρεῖττον τῆς τῶν φίλων συναντιλήψεως καὶ συναγαλλιάσεως. οὐδεὶς γὰρ ἕτερος τοῦ σπουδαίου ἀνδρὸς ἀντέχεται εἰ μή γε σπουδαῖος, ὥσπερ οὐδὲ ἕτερος πεσόντα ἐγείρει τὸν ἐλέφαντα εἰ μὴ μόνος ἐλέφας.

(86) ταῦτα καὶ τὰ τούτοις παραπλήσια τοῦ κόρακος λέγοντος δορκάς τις ἄφνω παρεγένετο, ἣν ἰδὼν ὁ κόραξ ἐπὶ δένδρον ἐξέπτη καὶ ἡ χελώνη τῷ ὕδατι περιεκαλύφθη καὶ ὁ μῦς ὑπεισῆλθεν εἰς τὴν κατάδυσιν.

ἡ δὲ ὀλιγοστοῦ μεταλαβοῦσα ὕδατος ἔτι περίδειλος ἔνθεν κἀκεῖθεν τοὺς ὀφθαλμοὺς περιστρέφουσα ἵστατο. ὁ δὲ κόραξ ἐφ' ὕψους ἀρθεὶς περιεσκόπει, μήποτέ τις καταδιώκει τὴν δορκάδα θηρεύσων. καὶ πανταχόθεν περιβλέψας, ὡς οὐδένα ἐθεάσατο, κατῆλθε καὶ τὴν χελώνην καὶ τὸν μῦν

schmückt, und wenn der Kranke das nicht einsetzt, von dem er weiß, dass es ihm nützt, wäre die Erkenntnis für ihn vergebens, dass er während dieser Krankheit keine Erleichterung finden kann. Denke also nicht über Reichtum nach! Der großmütige Mann wird auch ohne Reichtum verehrt, wie ein schlafender Löwe; der unverständige Reiche wiederum wird verachtet, wie ein Hund, dem ein goldenes Halsband umgelegt ist. Denke auch nicht über dein Leben in der Fremde nach. Niemand von den Verständigen ist ein Fremder. Sei auch nicht der früheren Worte eingedenk, dass du einst reich warst, jetzt aber mittellos geworden bist. Was in Gewinn und Verlust ist, das ist in Ebbe und Flut, wie wenn es eine Kugel wäre, die sich sehr schnell dreht und doch umgeworfen wird. Man erzählt nämlich, dass Folgendes unbeständiger als anderes ist: der Schatten von Wolken, die Freundschaft niederträchtiger Männer, das Begehren der Frauen, das lügnerische Lob und der Reichtum. Der Vernünftige freut sich also weder am Überfluss des Reichtums noch an der Vermeidung von Mangel.

Als nun der Rabe die Darlegung der Schildkröte hörte, war er darüber erfreut und sagte, dass es nichts Stärkeres gibt als den Beistand und den Austausch der Freunde. Bei niemandem als bei einem eifrigen Mann wird dies erwidert, außer wenn man selbst eifrig ist, so wie nur ein Elefant einen gefallenen Elefanten aufzurichten vermag, sofern er eben auch selbst ein Elefant ist!

(86) Als der Rabe dies und diesem Ähnliches sagte, kam auf einmal eine Gazelle dazu. Als der Rabe sie sah, flog er auf einen Baum, die Schildkröte verbarg sich im Wasser und der Mäuserich lief in seinen Schlupfwinkel.

Sie selbst nahm ganz wenig Wasser auf, war schon wieder ganz ängstlich, wandte ihre Augen hierhin und dorthin und blieb stehen. Der Rabe flog in die Höhe und sah sich um, ob etwa ein Jäger die Gazelle verfolge. Er blickte überall herum, und als er niemanden sah, kam er herunter, rief die Schildkröte und

ἐκάλεσεν ἀναγνωρίσας, ὡς οὐδὲν δεινὸν ὑποπτεύεται. ἡ δὲ χελώνη ἐξελθοῦσα καὶ τὴν δορκάδα ἰδοῦσα τοῦ πιεῖν μὴ κατατολμῶσαν εἶπε· πῖθι, φιλτάτη. οὐδεὶς γὰρ ἐνταῦθα νυνὶ καταλαμβάνει. καὶ ἀνάγγειλόν μοι, ὁπόθεν ἥκεις.

ἡ δὲ εἶπεν· ἐδιωκόμην μέχρι τοῦ νῦν ὑπὸ τῶν θηρευτῶν τόπον ἐκ τόπου ἀμείβουσα καὶ ἐνταῦθα κατήντησα. ἡ δὲ χελώνη εἶπε· θάρρει, φιλτάτη. οὐδέποτε γὰρ θηρευτὴς παρ' ἡμῖν ἐπεδήμησε, καὶ ὁμοζώει μεθ' ἡμῶν. ἰδοὺ γάρ σοι πρόκειται χλόη δαψιλὴς καὶ ὕδατος νᾶμα διαφανές. ᾑρετίσατο οὖν ἡ δορκὰς συνδιαιτᾶσθαι καὶ συνδιάγειν καὶ ἐποίουν ἑκάστοτε τὴν ὁμιλίαν καὶ τὴν παιδιὰν παρά τινι δένδρῳ συνηρεφεῖ.

(87) μιᾷ δὲ τῶν ἡμερῶν ὁ κόραξ καὶ ὁ μῦς καὶ ἡ χελώνη συνελθόντες κατὰ τὸ εἰωθὸς καὶ τὴν δορκάδα προσδεξάμενοι, ὡς οὐ κατέλαβεν, ἐστοχάσαντο, ὡς παγίδι περιεπλάκη. καὶ ἀναπτὰς ὁ κόραξ εἶδε ταύτην συμπλεκομένην σχοινίοις, παγίδι θηρευτοῦ, καὶ ὑποστρέψας ἀνήγγειλε τὸ θεαθέν.

ἡ δὲ χελώνη πρὸς τὸν μῦν ἔφη· ἐν σοὶ ἄρτι ἡ τῆς ἡμετέρας δορκάδος κεῖται σωτηρία. ὁ δὲ ᾗ τάχους εἶχε, δραμὼν τὴν δορκάδα κατέλαβε καὶ εἶπε πρὸς αὐτήν· πῶς συνετωτάτη οὖσα, φίλη, τοιούτοις δεινοῖς σαυτὴν περιέπλεξας;

ἡ δὲ εἶπε· τί ἄν τις ἀπώνατο τῆς οἰκείας συνέσεως, ὅτε δεῖ τὸ ὡρισμένον τελεσθῆναι;

ταῦτα λεγούσης, κατέλαβεν ὁ κόραξ ὁμοίως καὶ ἡ χελώνη. ἡ δὲ πρὸς τὴν χελώνην εἶπε· τί ἔδρασας ἐλθοῦσα ἐνταῦθα; ἐγὼ γὰρ λυθεῖσα τῶν δεσμῶν παρὰ τοῦ μυὸς φεύξομαι καὶ διαδράσω ὡσαύτως καὶ ὁ κόραξ δι' ἀέρος καὶ ὁ μῦς εὑρήσει

den Mäuserich und erklärt ihnen, dass nichts Schlimmes zu sehen sei. Die Schildkröte kam wieder heraus, sah die Gazelle, die nicht zu trinken wagte, und sagte: Trinke, liebste Freundin. Niemand nimmt dich jetzt hier gefangen. Und vermelde mir, woher du kommst.

Sie sagte: Bis jetzt wurde von den Jägern verfolgt, habe deshalb immer Ort mit Ort getauscht und bin nun hier angekommen. Die Schildkröte sagte: Habe Mut, liebste Freundin. Nie ist nämlich bei uns ein Jäger eingetroffen; lebe mit uns zusammen. Siehe, hier gibt es für dich reiche Wiesen und klares Quellwasser. Die Gazelle ließ sich zureden, mit ihnen zu leben und zu bleiben und sie lebten die ganze Zeit mit Gemeinschaft und Scherzen bei einem dichten Baum.

(87) Eines Tags aber, als der Rabe, der Mäuserich und die Schildkröte wie gewohnt zusammenkamen und die Gazelle erwarteten, die aber nicht eintraf, errieten sie, dass sie von einer Schlinge erfasst worden war. Der Rabe flog hinaus und sah sie in zusammengeflochtenen Seilen, der Schlinge eines Jägers; er kehrte zurück und erzählte das Gesehene.

Die Schildkröte sagte zum Mäuserich: Bei dir liegt nun die Rettung unserer Gazelle. Der aber rannte, so schnell er konnte, los, traf die Gazelle an und sagte zu ihr: Wie hast du, die du so sehr verständig bist, Freundin, dich doch in solche Unglücke irreleiten lassen?

Sie sagte: Was bürdet denn jemand dem eigenen Verstand auf, wenn man doch das Schicksal erfüllen muss?

Als sie das sagte, trafen ebenso der Rabe und die Schildkröte ein. Sie sagte zur Schildkröte: Was bis du denn gelaufen und hierhergekommen? Ich werde nur entkommen, wenn ich durch den Mäuserich von den Fesseln befreit werde, und werde weglaufen, wie auch der Rabe durch die Luft und der

κατάδυσιν, σὺ δὲ μόνη καταλειφθήσῃ τῷ θηρευτῇ παρανάλωμα.

ἡ δὲ ὑπολαβοῦσα εἶπεν· ἀβίωτος ὁ μετὰ τὴν τῶν φίλων στέρησιν βίος, καὶ τίς ἑτέρα τέρψις ἐν τούτῳ καταλιμπάνεται; ταῦτα διαλεγομένων ἐπῆλθεν ὁ θηρευτὴς ἅμα τῷ τὴν δορκάδα λυθῆναι παρὰ τοῦ μυός. καὶ ὁ μὲν κόραξ ἀνέπτη, ὁ δὲ μῦς καταδύσει τινὶ ὑπεκρύβη. καὶ θαυμάσας ὁ θηρευτὴς τὸ γεγονὸς εἶδε μόνην τὴν χελώνην καὶ συλλαβὼν ταύτην κατέδησεν.

(88) ὁ δὲ κόραξ καὶ ὁ μῦς καὶ ἡ δορκὰς σφόδρα περιαλγεῖς γεγόνασι τὸ γεγονὸς ἰδόντες.

ὁ δὲ μῦς εἶπεν· ἴδε, πῶς τὰ τοῦ βίου ἐξετράπη ἡμῖν. καλῶς γὰρ ἔφη ὁ εἰπών, ὡς ὅτε τις ἅπαξ προσκόψῃ, πολλάκις ἀλλεπαλλήλως προσκόπτει. οὐκ ἤρκει μοι τὸ τῆς πατρίδος καὶ τῶν συγγενῶν καὶ τοῦ πλούτου ἀποπεσεῖν, ἀλλ' ἐστερήθην νῦν καὶ τῆς φιλτάτης μοι χελώνης, ἥτις ᾔδει θεσμοὺς φιλίας τηρεῖν. ἀλλ' ἐρρέτω τὸ θνητὸν τοῦτο σῶμα καὶ μυρίοις περιεστοιχισμένον δεινοῖς καὶ μηδέποτε μένον ἐπὶ τὸ αὐτό, ἀλλ' ἀλλοιούμενον διηνεκῶς καὶ μεταβαλλόμενον. καὶ ὥσπερ ὁ ἀστὴρ ἀνατέλλων οὐ προσμένει τῇ ἀνατολῇ, ἀλλὰ περιφερόμενος διὰ τάχους δύνει καὶ ὁ ἑῷος ἑσπέριος γίνεται καὶ τὸ ἐν τῇ ἀνατολῇ μέρος δύνει καὶ τὸ δῦνον ἀνατέλλει, οὕτως τὰ παρ' ἡμῖν εἰσιν εὐμετάβλητα. ἀνεμνήσθην οὖν ἔγωγε τῶν προτέρων μου συμφορῶν διὰ τὴν παροῦσάν μου λύπην, καθάπερ ἡ ἐκ τραύματος ἐνσκιρρωθεῖσα οὐλή, ὅτε πληγῇ, ὁμοῦ τε τῆς ἐκ τῆς πλήξεως ὀδύνης ἐπαισθάνεται καὶ τὸ πρότερον τραῦμα αὖθις ὡς ἔκ τινος ἑτέρας ἀρχῆς ἀνακτίζεται.

Mäuserich einen Schlupfwinkel finden werden; du allein aber wirst vom Jäger unnützerweise gefangen.

Sie sagte darauf: Nicht lebenswert ist das Leben, wenn man der Freunde beraubt ist, und welche andere Freude bleibt einem in diesem dann übrig? Als sie sich darüber unterhielten, kam der Jäger gerade, als die Gazelle von dem Mäuserich befreit worden war. Der Rabe flog auf, der Mäuserich versteckte sich in einem Schlupfwinkel. Da wunderte sich der Jäger über das Geschehen und sah nur die Schildkröte; er nahm sie und band sie fest.

(88) Der Rabe, der Mäuserich und die Gazelle wurden sehr betrübt, als sie das Geschehene sahen.

Der Mäuserich sagte: Siehe, wie sich unser Leben gewendet hat. Gut hat der gesprochen, der gesagt hat, dass derjenige, der sich einmal gestoßen hat, öfters, eins nach dem anderen, gestoßen wird. War es für mich nicht schon genug, dass ich Vaterland, Verwandte und Reichtum aufgeben musste, sondern nun auch der mir liebsten Schildkröte beraubt bin, die doch die Band der Freundschaft zu bewahren wusste. Löse dich nur auf, sterblicher Körper, von zehntausend Gefahren umstellt und nie bei demselben bleibend, sondern fortwährend verändert und gewandelt! Wie der Stern, der aufgeht, nicht im Osten bleibt, sondern eilig herumgetragen wird und untergeht und wie der Morgenstern zum Abendstern wird und der im Osten aufgegangene wieder untergeht und der untergegangene wieder aufgeht, so ist auch bei uns alles veränderlich. Ich habe mich an meine früheren Unglücke erinnert während meiner gegenwärtigen Trauer, wie die aus einer Wunde verhärtete Narbe, als ich geschlagen wurde, zusammen mit dem Schmerz von dem Schlag wird auch die frühere Verletzung wieder wahrgenommen, wie wenn sie von einem neuen Anfang wieder aufgebaut wird.

ὁ δὲ κόραξ ὑπολαβὼν εἶπεν· ἡ ἡμετέρα ἄρτι λύπη καὶ οἱ σοὶ περιώδυνοι λόγοι, εἰ καὶ ῥητορείας ἔχονται, τὴν χελώνην οὐδὲν ὠφελήσουσιν, ἀλλ' ἔασον ταῦτα καὶ εὑρὲ πόρον σωτηρίας αὐτῇ. λέγεται γάρ, ὡς ὁ μὲν ἀνδρεῖος ἐν καιρῷ δοκιμάζεται συμπλοκῆς, ὁ δὲ πιστὸς ἐν ταῖς δόσεσι καὶ λήψεσι, καὶ οἱ φίλοι ἐν καιρῷ πειρασμοῦ.

ὁ δὲ μῦς εἶπε· κρίνω εἶναι συμφέρον ἀπελθεῖν σε τὴν δορκάδα καὶ νεκρὰν πεσεῖν ἐν τῇ ὁδῷ τοῦ θηρευτοῦ καὶ ἐπιμαρτυρῆσαί σοι τὴν νέκρωσιν τὸν κόρακα τῷ ἐπικαθῆσθαί σοι καὶ ὑποκρίνεσθαι τὸ κατεσθίειν τὰς σάρκας σου. οἶμαι γάρ, ὡς τοῦτο ἰδὼν ὁ θηρευτὴς ἀποθήσει τὸ τόξον αὐτοῦ καὶ τὴν φαρέτραν καὶ πρὸς σὲ ἀπελεύσεται. ὅτε οὖν ἴδῃς τοῦτον προσεγγίσαντα, ἀνάστα καὶ σχολαιότερον δράμε ἐλπίδι τοῦ καταλαβεῖν σε αὐτὸν ὑποσαίνουσα. καὶ καταλαβόντα, χρῶ ἐπὶ πλέον τῇ τῶν ποδῶν ὠκύτητι. διὰ μέσου γὰρ ἔγωγε τὴν χελώνην τῶν δεσμῶν ἀπολύσω.

καὶ τὸ ἐπιταχθὲν ἐποίησε καὶ διὰ τοῦ τοιούτου τρόπου ἐλύθη παρὰ τοῦ μυὸς ἡ χελώνη, καὶ σῶοι πάντες οἴκαδε ἐπανέστρεψαν. οὕτως ἄρα οἱ ὀρθῶς φιλοῦντες τῶν οἰκείων φίλων ἀντέχονται.

Der Rabe sagte darauf: Unsere Trauer und deine schmerzhaften Worte, auch wenn sie rhetorisches Geschick aufweisen, nützen der Schildkröte nichts; also lasse sie und finde einen Weg zur Rettung für sie. Man erzählt nämlich, dass der Tapfere im rechten Moment das Treffen prüft, der Treue beim Geben und Nehmen, die Freunde aber im Moment der Erprobung.

Der Mäuserich sagte: Ich glaube, es ist nützlich, dass du, Gazelle, losgehst, dich auf den Weg des Jägers legst und dass deinen (scheinbaren) Tod der Rabe bezeugt, indem er sich auf dich setzt und so tut, als äße er von deinem Fleisch. Ich meine, dass der Jäger, wenn er dies sieht, seinen Bogen und Köcher ablegen und zu dir kommen wird. Wenn du nun siehst, dass er nahe bei dir ist, stehe auf und laufe ganz langsam hinkend weiter, um ihm Hoffnung zu machen, dass er dich fangen kann. Wenn er nahegekommen ist, nutze die Geschwindigkeit deiner Beine immer etwas mehr. Inzwischen werde ich die Schildkröte von den Fesseln lösen.

Das Aufgetragene tat sie und auf diese Weise wurde von dem Mäuserich die Schildkröte befreit, und alle kehrten wohlbehalten nach Hause zurück. So stehen rechte Freunde für ihre eigenen Freunde ein.

4.

(89) Ὁ δὲ βασιλεὺς πρὸς τὸν φιλόσοφον εἶπεν· ἔγνων διὰ τούτου τοῦ παραδείγματος τὰ τῆς εἰλικρινοῦς φιλίας. λοιπὸν οὖν ἀνάγγειλόν μοι ὑπόδειγμα, πῶς δεῖ παρατηρεῖν τὸν ἐχθρόν, εἰ καὶ εὔνοιαν ὑποδείξεται.

ὁ δὲ φιλόσοφος εἶπεν· ὁ ἐχθρῷ καταπιστευόμενος πείσεται τὸ τῶν βούφων.

(90) λέγεται γάρ, ὡς ἔν τινι ὄρει δένδρον ἦν ὑπερμέγεθές τε καὶ ὑψιπέτηλον, ἐν ᾧ κόρακες διῆγον χίλιοι, ὧν ἦρχε κόραξ εἷς. ἦσαν δὲ ἐν ἑτέρῳ τόπῳ πλησίον βοῦφοι χίλιοι παρ' ἑνὸς καὶ αὐτοὶ κυριευόμενοι καὶ πρὸς τοὺς κόρακας ἀεὶ ἐχθρωδῶς διακείμενοι. καὶ μιᾷ τῶν νυκτῶν ἐπῆλθον τούτοις καὶ πολλοὺς μὲν ἀπέκτειναν, πολλοὺς δὲ καὶ ἐτραυμάτισαν.

(91) ἕωθεν δὲ ὁ τῶν κοράκων βασιλεὺς τοὺς ὑπ' αὐτὸν ἐπισυνάξας καὶ συνέδριον ποιήσας εἶπεν· ἴδετε, ἃ τὸ τῶν βούφων γένος εἰς ἡμᾶς διεπράξατο, καὶ ὅπως τὴν ἡμετέραν δύναμιν κατετροπώσατο, καὶ ὅσους ἀπέκτεινε καὶ ἐτραυμάτισε καὶ τὰ πτερὰ ἀνέτιλε. καὶ τούτων πάντων ἐστὶ χείριστον τὸ κατατολμῆσαι τούτους ἡμῶν καὶ διὰ πείρας καταφρονῆσαι. ἴδετε οὖν καὶ τὰ ἑπόμενα.

ἦσαν δὲ παρὰ τῷ τοιούτῳ βασιλεῖ πρωτοσύμβουλοι πέντε, ὧν ὁ εἷς ὑπολαβὼν εἶπεν· οὐδὲν ἕτερον σώσει ἡμᾶς ταύτης τῆς ἐπιδρομῆς ἀλλ' ἢ τὸ φυγεῖν καὶ τὴν ἐνταῦθα διατριβὴν καταλιπεῖν, μὴ ἐξὸν πρὸς τοὺς πολεμίους ἀντιπαρατάξασθαι.

ὁ δὲ ἕτερος· οὐ κρίνω συμφέρον εἶναι ἐπὶ τοσοῦτον διὰ μιᾶς προσβολῆς ταπεινωθῆναι, ὡς τὴν πατρίδα καταλιπεῖν καὶ τὸν ἐπὶ ξένης βίον ἀσπάσασθαι, ἀλλ' ἑτοιμάζεσθαι καὶ ἀγῶνας ὑποδύσασθαι, καὶ εἴ ποτε οἱ ἐχθροὶ ἐπελεύσονται,

4.

(89) Der König sagte zum Philosophen: Ich habe durch dieses Beispiel die Angelegenheiten der erprobten Freundschaft verstanden. Im Übrigen vermelde mir nun ein Beispiel, wie man den Feind beobachten muss, auch wenn er Wohlwollen vorspiegelt.

Der Philosoph sagte: Wer seinem Feind traut, dem wird es gehen wie jenen Uhus.

(90) Man erzählt nämlich: Auf einem Berg gab es einen sehr hohen und dicht belaubten Baum, in dem tausend Raben wohnten, über die ein einziger Rabe herrschte. Es gab an einem anderen Ort in der Nähe tausend Uhus, die ihrerseits von einem einzigen beherrscht wurden und stets den Raben feindlich gesinnt waren. Eines Nachts kamen sie zu diesen und töteten viele, verwundeten aber auch viele.

(91) Am Morgen rief der König der Raben seine Untertanen zusammen, hielt eine Versammlung ab und sagte: Ihr seht, was das Geschlecht der Uhus gegen uns bewirkt hat, wie es unsere Streitmacht in die Flucht gejagt hatte, wie viele es getötet und verwundet und ihnen die Flügel abgerissen hat. Das Allerschlimmste ist, dass sie dies wagten und uns durch den Versuch verachten. Seht nun auch das Folgende!

Es gab bei diesem König fünf *Protosymbouloi*, von denen einer darauf sagte: Nichts anderes wird uns vor solchen Überfällen schützen als zu fliehen und dort dauerhaft zu bleiben, denn es ist nicht möglich, gegen die Feinde Widerstand zu leisten.

Der zweite: Ich halte es nicht für nützlich, sich so sehr wegen eines einzigen Angriffs zu erniedrigen, dass man die Heimat verlässt und ein Leben in der Fremde begrüßt; vielmehr muss man sich vorbereiten und sich Kämpfen unterziehen, und

συμπλακῆναι τούτοις καὶ φυλάττεσθαι τὸ εἰσδῦναι αὐτοὺς ἐν μέσῳ ἡμῶν. καὶ εἰ μὲν ἡττήσομεν τούτους, τῷ θεῷ χάρις, εἰ δ' οὖν, ἄμεμπτοι τὴν πρώτην συμβουλὴν τελέσομεν.

ὁ δὲ τρίτος εἶπεν· οὐ καλῶς, ὦ βασιλεῦ, οὗτοι λέγουσιν, ἀλλὰ δεῖ ἡμᾶς ἀκριβῶς ἀναμαθεῖν, εἰ βούλονται οἱ ἡμέτεροι ἐχθροὶ φιλιωθῆναι ἡμῖν καὶ σπονδὰς εἰρηνικὰς ποιήσασθαι διὰ δώρων ὑπαγόμενοι· ἃ δὴ καὶ ἀποστελοῦμεν αὐτοῖς, καὶ ἀμέριμνον βίον βιώσομεν. ἀεὶ γὰρ βασιλεῖς περὶ τῆς οἰκείας χώρας φοβούμενοι καὶ πρὸς τὸν ἐχθρὸν ἀδυνατοῦντες καταλλαγὰς ποιοῦνται τὸν χρυσόν, δι' οὗ συντηροῦσι τοὺς ὑπ' αὐτούς.

ὁ δὲ τέταρτος εἶπεν· οὐ καλῶς βουλεύῃ, ἀλλὰ κρεῖττόν ἐστι στενοῦσθαι τῷ βίῳ καὶ περιωδυνᾶσθαι ἢ τοσοῦτον τοῖς ἐχθροῖς ὑποπεσεῖν, ὧν κρείττονές εἰσι καὶ τιμιώτεροι. ἀλλ' εἰ καὶ τοῦτο, ὃ συναινεῖς, ἐπιχειρήσομεν, οὐκ ἀρκεσθήσονται τοῖς ὀλιγοστοῖς, ἀλλὰ τὰ ὑπὲρ δύναμιν ἐπιζητήσουσι. λέγεται γάρ, ὡς δεῖ πρὸ τῆς χρείας τὸν ἐχθρὸν διὰ μετρίων δώρων ἐφέλκεσθαι πρὸς φιλίαν, μὴ μέντοι διὰ πολλῶν. τοῦτο γὰρ τὴν μὲν ἐκείνου δύναμιν ἐπιτείνει, τὴν δὲ ἡμετέραν συστέλλει. τοῖς γὰρ ἐν ἡλίῳ ἱσταμένοις ἡ μετρία κλίσις τὴν σκιὰν ἐπιτείνει, ἡ δὲ ἄμετρος ταύτην συστέλλει. δεῖ οὖν τὴν ὑπομονὴν ἀσπάζεσθαι καὶ τὸ πολεμεῖν.

ὁ δὲ πέμπτος εἶπεν· οὐ δυνατόν ἐστι τὸ πολεμεῖν. ἐπικρατέστεροι γὰρ ἡμῶν οἱ ἐχθροί. ὁ γὰρ ἑαυτὸν ἀγνοῶν καὶ πρὸς τοὺς κρείττονας ἀντιφερόμενος ἑαυτὸν μᾶλλον ἢ τοὺς ἐναντίους ἔβλαψεν. εἰ τάχα ὁ συνετὸς οὐκ ἀδύνατόν ποτε λογίζεται τὸν ἐχθρόν. ἔγωγε οὖν καὶ νῦν καὶ πρότερον τὸν ἐχθρὸν δέδοικα καὶ πρὸ τούτου ἐδεδοίκειν. οὐδεὶς γὰρ ἐχέφρων τὸν ἴδιον ἐχθρὸν περιφρονεῖ, εἰ καὶ πόρρω διάγει. καὶ ὁ ἄριστος στρατηγὸς ἑτέρας μηχανῆς προκειμένης οὐχ

wenn die Feinde angreifen, mit ihnen zusammentreffen und sich vor ihrem Eindringen bei uns bewahren. Wenn wir sie besiegen, dann ist das dem Gott zu verdanken, wenn nicht, werden wir ohne Tadel den ersten Rat erfüllen.

Der dritte sagte: Nicht gut, o König, haben diese gesprochen, wir müssen vielmehr genau erkennen, ob unsere Feinde sich mit uns in Freundschaft verbinden und Friedensverträge schließen wollen, wenn man sie durch Geschenke dafür gewinnt. Die wollen wir ihnen schicken und unser Leben unbekümmert leben. Immer geben Könige, die um ihr eigenes Land fürchten und gegen den Feind machtlos sind, einen Wechsel mit Gold, wodurch sie ihre Untertanen absichern.

Der vierte sagte: Kein guter Rat war dies, sondern besser ist es, das Leben zu verlieren und umzukommen als sich so sehr den Feinden zu unterwerfen, die stärker und mehr geachtet sind. Aber wenn wir das, was du rätst, versuchen wollen, werden sie nicht mit dem Geringsten zufrieden sein, sondern etwas fordern, das über unsere Kraft geht. Man erzählt nämlich, dass man den Feind angesichts der Notwendigkeit nicht durch maßvolle Geschenke zur Freundschaft zieht, sondern allenfalls durch große. Dies dehnt die Kraft von jenen aus, unsere drängt es zurück. Bei Stäben, die in die Sonne gestellt sind, dehnt die maßvolle Biegung den Schatten aus, wenn sie aber maßlos ist, drängt sie ihn zurück. Man muss also die Standhaftigkeit und den Krieg hochschätzen.

Der fünfte sagte: Es ist nicht möglich, Krieg zu führen. Überlegen sind uns nämlich die Feinde. Wer sich nicht kennt und die Kraft gegen Stärkere wendet, schadet sich ja selbst mehr als den Gegnern. Der Verständige soll ja nie den Feind einmal für machtlos ansehen. Ich jedenfalls fürchte unsere Feinde jetzt und habe sie auch schon zuvor gefürchtet. Niemand, der bei Verstand ist, verachtet den eigenen Feind, zumal wenn er in der Nähe ist. Der beste Feldherr wählt, wenn andere Mittel

αἱρεῖται τὸν πόλεμον. πᾶσαι γὰρ ἐν τοῖς ἄλλοις αἱ δαπάναι περὶ τὸν πλοῦτον καταγίνονται καὶ τοὺς λόγους, ἐν δὲ τῷ πολέμῳ περὶ αὐτὰς τὰς ψυχάς.

ὁ δὲ βασιλεὺς εἶπεν· εἰ τὸ πολεμεῖν οὐ συναινεῖς, τί ἕτερον ἐπιτρέπεις;

ὁ δὲ εἶπε· δεῖ σε, ὦ βασιλεῦ, συμβουλεύειν τοῖς ὑπὸ σὲ ἐχέφροσιν. ἡ γὰρ ἀρίστη βουλὴ μυρίων στρατευμάτων καὶ παρασκευῶν ἐπικρατεστέρα ἐστί, καὶ προστίθησιν αὕτη σκοποὺς ὀνησίμους τῷ βασιλεῖ, ὥσπερ οἱ ποταμοὶ τῷ θαλαττίῳ ὕδατι. καὶ οὐκ ἀγνοεῖ ὁ νουνεχὴς τὴν τοῦ ἐχθροῦ δύναμιν καὶ ὁπόθεν τούτου ἡ βλάβη γίνεται, καὶ ὅσα καὶ οἷα βούλεται, καὶ οἵοις πρὸς αὐτὸν στρατεύμασι χρήσεται καὶ ἐπιτηδεύμασι καὶ ἑτοιμασίαις. ἐπεὶ οὖν μοι συμβούλῳ ἐχρήσω, ὦ βασιλεῦ, βούλομαί σοι ἰδίᾳ τε καὶ δημοσίᾳ ὁμιλῆσαι, ὅτι ὥσπερ οὐ συνορῶ λυσιτελὲς τὸ πολεμεῖν, οὕτως οὐδὲ τὸ φόρους τελεῖν καὶ ὑπόπτωσιν τοιαύτην ἀσπάζεσθαι. ὁ γὰρ μεγαλόνους ἀνὴρ αἱρεῖται μᾶλλον τὸν μετὰ δόξης θάνατον ἢ τὴν ἐν ἀτιμίᾳ ζωήν. μὴ οὖν ἀμελήσῃς ἀναβάλλων περὶ τὰ τοιαῦτα.

αἰεὶ γὰρ ἀμβολίεργος ἀνὴρ ἄτῃσι παλαίει

κατὰ τὸν ποιητήν. ἰδίᾳ δέ σοι διαλέξομαι, ὅτι ἀκούω τῶν πάλαι λεγόντων, ὡς οἱ βασιλεῖς τροπαιοῦχοι γίνονται διὰ τῆς ἀρίστης οἰκονομίας. ἡ δὲ ἀρίστη οἰκονομία γίνεται διὰ τῆς ἀρίστης καὶ πολυειδοῦς βουλῆς. ἡ δὲ βουλὴ ἐνεργεστέρα γίνεται, ὅταν μὴ ἐκφαυλισθῇ. ἐκφαυλίζεται δὲ τὰ μυστήρια πενταχῶς ἢ παρὰ τοῦ προσκαλοῦντος εἰς συμβουλὴν ἢ παρὰ τῶν προσκαλουμένων ἢ διὰ τῶν ἐνεργούντων οἱονεὶ ὑπηρετούντων ἢ ἐπί τινα πρεσβείαν ἀποστελλομένων ἢ παρὰ τῶν τὰ ἐσόμενά τισι τῶν προδήλων ἔργων τηρούντων ἢ παρὰ τῶν συλλογιζομένων ὀρθῶς καὶ στοχαζομένων. ὁ δὲ τὸ οἰκεῖον μυστήριον συντηρῶν κατὰ δύο τρόπους ὠφελεῖται. ἢ γὰρ τυγχάνει τοῦ ἐφετοῦ ἢ ἀποτυχὼν τὴν ἐπὶ τῇ

bereitstehen, niemals den Krieg. Alle Aufwendungen in den anderen Dingen geschehen um Reichtum und Worte, im Krieg aber geht es um das Leben selbst.

Der König sagte: Wenn du nicht zum Kriegführen rätst, was schlägst du anderes vor?

Er sagte: Du musst, o König, unter deinen Untertanen die Verständigsten befragen. Der beste Rat ist nämlich stärker als zehntausend Heere und Mittel: Er führt die dem König nützlichen Ziele so zu wie die Flüsse dem Meer das Wasser. Der Vernünftige weiß wohl von der Stärke des Feindes und von wo ihm Schaden zugefügt werden kann, soviel und von welcher Art er will, und welche Kriegslisten, Geräte und Bereitschaften er benutzt. Wenn du also mich als Ratgeber nutzt, o König, will ich mit dir selbst und auch öffentlich besprechen, dass ich es nicht für nützlich halte, Krieg zu führen, ebenso auch nicht, Tribut zahlen und diesen Kleinmut zu begrüßen. Der hochsinnige Mann wählt eher den Tod mit Ruhm als das Leben in Ehrlosigkeit. Vernachlässige also nicht, dies zu erwägen. Dem Dichter zufolge hat nämlich der zaudernde Mann immer mit dem Unglück zu ringen (Hesiod, *Erga* 413). Dir selbst werde ich darlegen, was ich von den alten Überlieferungen höre, dass die Könige Siegeszeichen durch die beste Verwaltung erhalten. Die beste Verwaltung geschieht durch den besten und vielfältigsten Rat. Der Rat wird aber wirksamer, wenn er nicht geringgeschätzt wird. Geringgeschätzt werden die Geheimnisse auf fünf Arten: entweder von dem, der um den Rat gebeten hat, oder von denen, die um ihn gebeten worden sind, oder von denen, die etwas zur Ausführung beitragen, oder von denen, die auf eine Gesandtschaft geschickt worden sind, oder von denen, die das Gegenwärtige der offenbaren Aufgaben bewahren oder aus dem Erschlossenen richtige Schlüsse ziehen. Wer sein eigenes Geheimnis bewahrt, hat auf zwei Arten Nutzen davon: Entweder er erreicht seine Absicht oder er erreicht sie zwar nicht, entgeht aber dem

ἀποτυχίᾳ μέμψιν ἐκφεύγει. οὐ δεῖ δὲ τὸν προσκαλοῦντα εἰς συμβουλὴν συνετώτερον ὄντα τῶν προσκαλουμένων τοὺς λόγους τούτων περιφρονεῖν. βεβαιοῦται γὰρ καὶ προστίθεται διὰ τούτων ἡ τοῦ λογισμοῦ αὐτοῦ ἀκρίβεια. εἰ δὲ ὁ βασιλεὺς συντηρεῖ τὰ οἰκεῖα αὐτοῦ μυστήρια καὶ τοῖς νουνεχέσιν ἀνδράσι πρὸς τὰς οἰκονομίας χρήσεται καὶ ἀφανὴς τοῖς πολλοῖς ὑπάρχει καὶ ἀκατάληπτος τὴν διάνοιαν καὶ μήποτε τοῦ εὐνοοῦντος καὶ εὐγνωμονοῦντος τὴν ἐνέργειαν παρορᾷ, μήτε τὰ παρά τινος διημαρτημένα παρατρέχει, οὗτος ἐν πᾶσιν εὐοδωθήσεται. τάξις δέ ἐστι καὶ ἐν τοῖς μυστηρίοις, τὰ μὲν δύο, τὰ δὲ καὶ ἐπέκεινα ἀκουστὰς ἐπιδέχεται. ἐν ᾧ δέ σοι μέλλω ἀναγγεῖλαι, στόματα δύο καὶ ὦτα τέσσερα συνδραμεῖν βούλομαι.

(92) ταῦτα ἀκούσας ὁ βασιλεὺς ἀνέστη καὶ καταμόνας αὐτῷ προσωμίλησε καὶ ἐπηρώτησε περὶ τῆς αἰτίας τῆς μεγίστης ἔχθρας.

(93a) ὁ δὲ εἶπεν, ὅτι αἴτιον ἀρχῆθεν τῆς διενέξεως ταύτης ἐστίν, ὅτι ποτὲ τὸ πτηνῶν γένος συναθροισθὲν ἀνείρηκε γλαῦκά τινα βασιλέα. κόραξ δέ τις ἐκεῖσε τυχὼν ἔφη· εἰ μὴ τῶν τιμιωτέρων κατελείφθη τινὰ ὡς ταώς τε καὶ γέρανος καὶ νῆττα καὶ περιστερά, οὐκ ἔδει ἡμᾶς τὸ δυσειδὲς τοῦτο ζῷον ἀναγορεῦσαι. ὁμοῦ τε γὰρ καὶ τὸ τῆς ψυχῆς κάλλος ἀφῄρηται, καὶ ἄνουν ἐστὶ καὶ ἀσύνετον καὶ ὀργίλον καὶ ἄτακτον καὶ ὄψεως ἡμέρας ἐστερημένον καὶ δόλιον καὶ πανοῦργον, ὅπερ πάντων ἐστὶ χείριστον.

ὅπερ ἀκούσαντα τὰ πτηνὰ καθεῖλον τὴν τῆς γλαυκὸς ἀρχήν.

(97c) καθαιρεθεῖσα δὲ ἡ γλαὺξ εἶπε πρὸς τὸν κόρακα· οὐκ οἶδα, ὦ κόραξ, ὡς ἔδρασα πρὸς σέ ποτε ἐναντίον, ἵνα τοιαύτην ποιήσῃς πρός με τὴν ἀντέκτισιν, ἀλλ' ἴσθι, ὡς τὸ τεμνόμενον δένδρον διὰ τῆς ἀξίνης καὶ αὖθις φύει καὶ τὸ τραῦμα τὸ ἐκ τοῦ ξίφους συνουλοῦται καὶ ἐνσκιρροῦται.

Tadel über das Nichterreichen. Wer zum Rat eingeladen hat, darf – und wenn er auch weiser als die Eingeladenen wäre – deren Worte nie verachten. Befestigt und stabil wird nämlich dadurch die Genauigkeit der Überlegung. Wenn der König seine Geheimnisse für sich behält, sich vernünftiger Männer für die Verwaltung bedient, der Menge unsichtbar und in seiner Gesinnung nicht greifbar bleibt, niemals die Wirksamkeit des Wohlwollenden und Wohlmeinenden verachtet und nicht irrtümlich gegen jemanden vorgeht, dann wird er wohl bei allen wohlgelitten sein. Es gibt eine Ordnung in den Geheimnissen: Die einen dürfen zwei, die anderen auch weitere Hörer erfahren. In dem, was ich dir melden möchte, will ich nur zwei Münder und vier Ohren zusammenkommen lassen.

(92) Als der König dies gehört hatte, stand er auf, sprach einzeln mit ihm und fragte ihn nach dem Grund für diese sehr große Feindschaft.

(93a) Er sagte, dass anfangs der Grund für diese Auseinandersetzung war, dass einst das Vogelgeschlecht zusammenkam und sich eine Eule als König wählte. Ein Rabe, der dabei war, sagte: Wenn von den höher geehrten Tieren wie Pfau, Kranich, Ente und Taube nicht einen (von diesen) abgehalten hätte, müssten wir nun nicht dieses missgestaltete Tier ausrufen. Zudem fehlt es ihm auch an Schönheit der Seele, es ist vernunftlos, unverständig, jähzornig, regellos, der Sicht am Tag beraubt, listig und zu allem fähig, was am allerschlimmsten ist.

Als die Vögel dies hörten, beendeten sie die Herrschaft der Eule.

(97c) Die abgesetzte Eule sagte nun zum Raben: Ich weiß nicht, o Rabe, was ich dir zuleide getan habe, dass du eine solche Rache gegen mich übst, aber wisse, dass zwar ein Baum, dessen Äste von einer Axt abgeschlagen werden, auch wieder wächst und die Wunde von einem Schwert vernarbt und fest

ἡ δὲ τῆς γλώττης δῆξις ἀνίατός ἐστιν ὡς ἁπτομένης αὐτῆς τῆς καρδίας. (97d) καὶ γὰρ τὸ ὕδωρ σβέννυσι τὸ πῦρ, καὶ τὸ δηλητήριον φαρμάκοις τισὶν ἀντικρούεται καὶ ὁ ἔρως τῇ ἐπιτυχίᾳ παύεται, τὸ δὲ τῆς μνησικακίας πῦρ ἀείζωόν ἐστιν, ὃ ἐνεσπάρη μέσον ἡμῶν καὶ ὑμῶν, ὦ κόρακες, μηδέποτε ἐκριζούμενον.

ταῦτα εἰποῦσα ἡ γλαὺξ ἀπηλλάγη θυμοῦ γέμουσα, καὶ μετεμελήθη ὁ κόραξ, ἐφ' οἷς κατηναιδεύσατο.

(98a) ὁ δὲ βασιλεὺς εἶπε· τὰ τοιαῦτα ἔγνων. λοιπὸν οὖν εἰπὲ περὶ τῶν προκειμένων καὶ τῶν ἀναγκαίων, καὶ τί δεῖ ἄρτι ποιεῖν.

ὁ δὲ εἶπε· τὰ περὶ τοῦ πολέμου οὐ συναινῶ, οὐδὲ προτρέπω τοῦτο, ἀλλ' ἴσως εἰ δυνηθείημέν τι διά τινος κατορθῶσαι μηχανῆς. μεγάλως γὰρ αὕτη δύναται. (100b) κρίνω οὖν συμφέρων εἶναι ὀργισθῆναί σου τὴν μεγαλειότητα κατ' ἐμοῦ πάντων ὁρώντων καὶ προστάξαι σε τυφθῆναί με ἐπὶ μέσου ἀφειδῶς ὥστε με αἱματωθῆναι τῷ πλήθει τῶν ἐκκεντήσεων, εἶτα καὶ τὰ πτερὰ τίλλεσθαι καὶ τὴν οὐρὰν καὶ ῥιφῆναι πλησίον τοῦ δένδρου, εἶτα τούτου γενομένου ἀπᾶραί σε μετὰ τῶν ὑπὸ σὲ ἐπί τινα τόπον καὶ ἐᾶσαί με κείμενον.

ὃ δὴ καὶ ποιήσας ὁ βασιλεὺς μετὰ τῶν ὑπ' αὐτὸν ἀπεδήμησε.

(101) νυκτὸς δὲ αἱ γλαῦκες ἐπὶ τὸ δένδρον παραγενόμεναι οὐκ εἶδόν τινα ἐν αὐτῷ εἰ μὴ τὸν τυφθέντα κόρακα κείμενον, καὶ ἀνήγγειλαν τοῦτο τῷ οἰκείῳ αὐτῶν βασιλεῖ. ὁ δὲ προσεγγίσας τούτῳ ἐπηρώτα, ὅθεν τέ ἐστι καὶ ὅπῃ οἱ λοιποὶ κόρακες ἐτράπησαν.

wird; die Beleidigungen der Zunge aber sind unheilbar, da sie das Herz selbst berühren. (97d) Das Wasser kann ja das Feuer auslöschen, das Gift mit Gegenmitteln entkräftet werden, die Begierde endet durch das Erreichen des Ziels. Das Feuer des Andenkens an eine solche Beleidigung aber ist ewig lebendig; was nun eingesät ist zwischen uns und euch, o Raben, wird niemals entwurzelt werden.

Dies sagte die Eule und entfernte sich, von Zorn erfüllt; der Rabe bereute, wofür er sie geschmäht hatte.

(98a) Der König sagte: Das habe ich verstanden. Im Übrigen sag mir über das, was vorliegt und notwendig ist, und was man tun soll.

Er sagte: Zum Krieg rate ich nicht und ermuntere auch nicht dazu, aber vielleicht, ob wir durch eine List die Sache wieder gut machen können. Viel nämlich vermag sie! (100b) Ich meine, es wird nützlich ein, wenn du in größter Weise auf mich zornig bist, so dass es alle sehen, und wenn du anordnest, mich in ihrer Mitte schonungslos zu schlagen, so dass ich Blut vergieße durch die Menge der Wunden, dann auch die Flügel und den Schwanz auszureißen und nah an dem Baum hinzuwerfen; dann, wenn dies geschehen ist, dich mit deinen Untertanen an einen anderen Ort zu entfernen und mich dort liegen lassen.

Dies tat der König und zog mit seinen Untertanen ab.

(101) In der Nacht kamen die Eulen zum Baum, sahen niemanden außer dem geschlagenen Raben darin, der da lag, und meldeten dies ihrem eigenen König. Der begab sich zu ihm und fragte, woher er sei und wohin sich die übrigen Raben gewendet hätten.

ὁ δὲ εἶπεν· ἐγὼ μέν εἰμι ὁ δεῖνα τοῦ δεῖνος, ὅπῃ δὲ οἱ κόρακες ἐτράπησαν, οὐκ ἴσημι. πῶς γὰρ οὑτωσὶ διακείμενος τὰ ἐκείνων ἐπίσταμαι μυστήρια;

ὁ δὲ βασιλεὺς εἶπε· τῷ ὄντι οὗτός ἐστιν ὁ πρωτοσύμβουλος τοῦ τῶν κοράκων ἀρχηγοῦ. ἐπηρωτήσατε οὖν τοῦτον, διὰ ποίαν αἰτίαν τὰ τοιαῦτα πέπονθε δεινά.

ὁ δὲ κόραξ εἶπεν· ἡ ἐμὴ κακοσυμβουλία τοιούτοις με κακοῖς περιέπλεξεν. ὅτε γὰρ ἡττήθησαν παρ' ὑμῶν οἱ κόρακες, βουλευτήριον τούτων συνέστη καὶ ἕκαστος, ὡς εἶχε σκέψεως, ἐφθέγξατο καὶ συνεβούλευσεν. ἐγὼ δ' ἐπαρρησιάσθην περὶ ὑμῶν καὶ εἶπον, ὡς δυνατώτεροί ἐστε τῶν κοράκων καὶ εὐσθενέστεροι καὶ διὰ τοῦτο δεῖ τούτους μὴ ἀντιπαρατάξασθαι πρὸς ὑμᾶς ἀλλὰ τὴν εἰρήνην ἐπιζητῆσαι καὶ φόρους τελέσαι, οὕσπερ εἰσδέξαιντο ἀσπάζεσθαι καὶ στέργειν, καὶ τῷ θεῷ χάριν τούτου ἕνεκεν ἀπονεῖμαι. τῷ γὰρ ἐπικρατεστέρῳ ἐχθρῷ δεῖ τὸν ἐχέφρονα ὑπείκειν ὥστε τὴν ἐκ τούτου βλάβην διεκφυγεῖν. ἢ οὐχ ὁρᾶτε, ὅπως ὁ σφοδρὸς ἄνεμος τὰ ὑπερμεγέθη τῶν δένδρων ἐκριζοῖ καὶ συνθραύει, τὰ δὲ ἀδρανῆ τῶν φυτῶν τούτῳ συμπεριφερόμενα οὐ καταβάλλει. ταῦτα ἀκούσαντες οἱ κόρακες ὑπώπτευον ὡς κατά τινα τρόπον εὐνοϊκὸν ὑμῖν τὰ τοιαῦτα φθέγγεσθαι, καὶ θυμοῦ πλησθέντες τοιαύτῃ με καταδίκῃ ὑπέβαλον τὸ πολεμεῖν τοῦ εἰρηνεύειν προαιρούμενοι.

ταῦτα ἀκούσας ὁ βασιλεὺς εἶπε πρός τινα τῶν πρωτοσυμβούλων αὐτοῦ· τί δεῖ ἡμᾶς περὶ τούτου ποιῆσαι; τάχιον ἀναιρεθήτω. τρόπαιον γὰρ ἡμῖν ἔσται μέγιστον ἡ τούτου ἀναίρεσις ἀπαλλαγησομένοις τῶν ἐφευρέσεων αὐτοῦ καὶ μηχανῶν, ἃς ὑπὲρ τῶν κοράκων συρράπτειν οὐ παύεται. λέγεται γάρ, ὡς ὁ ἀμελῶν περὶ τὸ ἀξιόλογον πρακτέον ἤδη ἐν χερσὶν ὂν καὶ ἀπολέσει τοῦτο, οὐ ῥᾳδίως ἄλλοτε αὐτοῦ τεύξεται. καὶ ὁ τὸν ἐχθρὸν αὐτοῦ ἐν ἀδυναμίᾳ εὑρίσκων καὶ

Er sagte: Ich bin der Jemand, Sohn des Jemand; wohin die Raben sich gewendet haben, weiß ich nicht. Wie sollte ich in diesem Zustand ihre Geheimnisse wissen?

Der König sagte: In Wirklichkeit ist das der *Protosymboulos* des *Archegos* der Raben. Er fragte ihn also, aus welchem Grund er derart Schlimmes erlitten habe.

Der Rabe sagte: Mein böser Ratschlag hat mich in diese Übel irregeleitet. Als die Raben nämlich von euch eine Niederlage erlitten hatten, wurde eine Beratung darüber einberufen und jeder äußerte sich nach seiner besten Einsicht und gab Ratschläge. Ich sprach sehr frei über euch und sagte, dass ihr mächtiger und kräftiger als die Raben seid und dass man sich euch deshalb nicht entgegenstellen darf, sondern den Frieden suchen und Tribut bezahlen muss; sie würden (also ihr Raben würdet) dies gerne annehmen, sich freuen und dem Gott dafür Dank abstatten. Dem Stärkeren nämlich muss der Kluge nachgeben, damit er dem Schaden von ihm entkommt. Oder seht ihr nicht, dass der starke Wind die übergroßen Bäume entwurzelt und zusammenschlägt, die schwachen Sträucher aber, die jedem seiner Stöße nachgeben, nicht umwirft? Als die diese Rede gehört hatten, verdächtigten sie mich, dass ich euch wohlgesonnen sei und deshalb etwas Derartiges gesagt habe; von Zorn erfüllt unterwarfen sie mich einem derartigen Unrecht, da sie das Kriegführen dem Friedenhalten vorzogen.

Dies hörte der König und sagte zu einem seiner *Protosymbouloi*: Was müssen wir mit ihm machen? (Der sagte:) Er soll rasch getötet werden. Es ist nämlich für uns das größte Siegeszeichen sein Tod, denn so werden wir alle seine Nachstellungen und Listen los, die er zugunsten der Raben anzuwenden nicht aufhört. Man erzählt nämlich, dass derjenige, der eine der Rede werte Gelegenheit schon in der Hand hat und sie verliert, sie nicht leicht von woanders her wieder erhält. Auch wer den Feind in einer machtlosen Lage vorfindet und nicht tötet, der

μὴ ἀναιρῶν αὐτὸν ἐς νέωτα μεταμελεθήσεται δυναμουμένου αὐτοῦ.

ἕτερος δέ τις τῶν τοῦ βασιλέως συμβούλων ὑπολαβὼν εἶπεν· οὐ δεῖ τοῦτον ἀναιρεθῆναι. γέγραπται γάρ, ὡς *κάλαμον συντετριμμένον μὴ κατεάξῃς*. μᾶλλον δὲ τοῦτον ἐλεεῖν καὶ κατοικτείρειν δικαιότατον, ὃς τοιαύτας ὑπέστη συμφορὰς καὶ τοιαῦτα ῥαπίσματα. δεῖ οὖν περιέπειν αὐτόν. τὸ γὰρ διαφέρεσθαι τοὺς ἐχθροὺς πρὸς ἀλλήλους μέγιστόν ἐστιν εὐτύχημα.

(107b) προσέταξεν οὖν ὁ βασιλεὺς διὰ τιμῆς καὶ αἰδοῦς ἄγεσθαι τὸν κόρακα.

(107c) ὁ δὲ τὴν ἀναίρεσιν τούτου συναινέσας ἔφη· ἐπεὶ τοῦτον οὐκ ἀπεκτείνατε, κἂν ἔστω ἐν παραφυλακῇ, καὶ διαγέτω παρ' ἡμῖν ὡς ἐχθρὸς παρατηρητέος. δεινὸς γὰρ ὁ κόραξ καὶ δόλιος καὶ οἶμαι τοῦτον καὶ διὰ πανουργίαν καὶ δόλον ἐνταῦθα ἑαυτὸν παρεμβαλεῖν.

(108a) ἤρξατο οὖν ὁ κόραξ ταῖς γλαυξὶ προσομιλεῖν καταμόνας καὶ οἰκειοῦσθαι ταύταις καὶ φιλιοῦσθαι. μιᾷ δὲ τῶν ἡμερῶν εἶπε πρὸς αὐτάς· ἀκήκοα τῶν πάλαι λεγόντων, ὡς εἴ τις ἑαυτὸν ἀφειδῶς τῷ πυρὶ παρεμβαλῇ, ὃ ἐὰν αἰτήσηται, παρευθὺ δοθήσεται αὐτῷ. βούλομαι δὲ τοιοῦτόν τι διαπράξασθαι καὶ ἀξιῶσαι τὸ θεῖον μετατρέψαι μου τὴν φύσιν εἰς γλαῦκα, ὡς ἂν τοῖς κόραξι πολεμήσω μεθ' ὑμῶν καὶ ἀμύνωμαι τούτους, ὑπὲρ ὧν εἰς ἐμὲ ἔδρασαν.

παρὼν δὲ τηνικαῦτα ὁ τὴν ἀναίρεσιν αὐτοῦ συμβουλεύων εἶπεν· ὅμοιοί εἰσιν οἱ τοιοῦτοί σου λόγοι πόματι διειδεῖ δηλητηρίου μεστῷ. εἰ γὰρ καὶ πυρίκαυστόν σε θήσομεν, οὐκ ἄν σε δυνηθείημεν τῆς γνώμης μεταβαλεῖν.

verdient es, dass er von der Reue gepackt wird, wenn jener wieder zu Kräften kommt.

Ein anderer der Ratgeber des Königs sagte darauf: Es ist nicht nötig, dass er getötet wird. Es steht ja geschrieben, dass man ein geknicktes Rohr nicht zerbrechen soll (*Matthäusevangelium* 12,20). Vielmehr ist es am gerechtesten, den zu bejammern, der solches Unglück und derartige Schläge ertragen hat. Man muss ihn also behandeln. Die Feinde gegeneinander in Stellung zu bringen ist das größte Glück.

(107a) Der König befahl, man solle den Raben in Ehren und Achtung halten.

(107c) Derjenige, der seine Tötung angeraten hatte, sagte: Wenn ihr diesen nicht tötet, auch wenn es als Vorsichtsmaßnahme sein sollte, soll er bei uns als Feind beobachtet werden. Gewaltig ist nämlich der Rabe und listig, und ich glaube, dass er sich aus Verschlagenheit und List hier eingefunden hat.

(108a) Nun begann der Rabe bei den Eulen zu verkehren, er blieb, wohnte bei ihnen und freundete sich mit ihnen an. Eines Tags sagte er zu ihnen: Ich habe von den Alten gehört, dass derjenige, der sich ohne Scheu ins Feuer stürzt, das, was er etwa erbittet, sogleich für sich erhält. Ich will so etwas durchführen und die Gottheit bitten, meine Natur in eine Eule zu verwandeln, damit ich, wenn ich mit euch gegen die Raben Krieg führe, sie abwehre für das, was sie gegen mich getan haben.

Anwesend war damals derjenige, der seine Tötung angeraten hatte, und sagte: Deine derartigen Worte gleichen einem glänzenden Becher, der voll Gift ist. Selbst wenn wir dich in ein Feuer würfen, könnten wir deine Haltung nicht ändern.

(111) διέμεινεν οὖν ὁ κόραξ ἐκεῖσε κατανοούμενος τὰ τῶν γλαυκῶν ἅπαντα καὶ ἐπαχύνθη καὶ ἐλιπάνθη καὶ ἀνεφύη τούτῳ πτερά. καί ποτε καιροῦ δραξάμενος διέδρα καὶ πρὸς τοὺς κόρακας παραγενόμενος ἔφη τῷ τούτων ἡγεμόνι· χαίροις, ὦ βασιλεῦ. ἰδοὺ γάρ σοι τετέλεκα τὸ κατὰ σκοπόν. λείπεται οὖν τὸ διαναστῆναι ἡμᾶς καὶ πέρας αἴσιον τῇ ἀρίστῃ καταρχῇ ἐπιθεῖναι.

ἰδοὺ γὰρ ἅπασαι αἱ γλαῦκες ἐν τῷ δεῖνι ἄντρῳ ὑπεκρύβησαν. ἀναλαβέτω οὖν ἕκαστος ἡμῶν ἐκ τῆσδε τῆς ὕλης ὅσον δύναται φέρειν τῶν ξυλίσκων καὶ περιθήσωμεν τούτους πρὸς τῷ τοῦ ἄντρου στόματι καὶ πῦρ ἐπανάψωμεν καὶ ταῖς πτέρυξι τοῦτο διαφυσῶμεν ὡς ἀέριον τὴν φλόγα ἀπεργάσασθαι. τούτῳ γὰρ τῷ τρόπῳ αἱ μὲν ἔνδον τῷ καπνῷ συμπνιγήσονται, αἱ δὲ ἐξερχόμεναι καταφλεγήσονται. ὃ δὴ καὶ ποιήσαντες οἱ κόρακες τέλεον τοὺς ἐχθροὺς ἐξηφάνισαν. καὶ ἐπανέζευξεν ὁ τῶν κοράκων βασιλεὺς τροπαιοῦχος πρὸς τὴν ἰδίαν κατοίκησιν.

(112) καὶ εἶπε πρὸς τὸν κόρακα· πῶς ἠνέσχου τῆς τῶν γλαυκῶν ὁμιλίας καὶ μοχθηρίας; ὁ δὲ κόραξ εἶπεν· ὁ νουνεχὴς ἀνὴρ δεινοῖς περιπεσὼν ὑπείκει τοῖς εὐτελέσιν, ἄχρις οὗ τῶν οἰκείων ἐφετῶν ἐπιλήψεται. ὁ δὲ βασιλεὺς ἔφη· ἀνάγγειλόν μοι τὰ τῶν γλαυκῶν φρονήματα, οἷά εἰσιν. ὁ δὲ κόραξ ἔφη· οὐκ εἶδον ἐν αὐταῖς συνετωτέραν παρὰ τῆς τὴν ἀναίρεσίν μου συμβουλευσαμένης γλαυκός. αἱ δὲ λοιπαὶ πόρρω τοῦ δέοντος ἐξετράποντο. δεῖ γὰρ τοὺς βασιλεῖς τὰ οἰκεῖα τηρεῖν μυστήρια καὶ μὴ ἐᾶν ἀλλότριόν τινα ταῖς οἰκείαις γραφαῖς πλησιάσαι, ἢ τῷ ὕδατι, δι' οὗ μέλλει ἀπονίψασθαι, ἢ τῇ στρωμνῇ ἢ τοῖς ἀμφιάσμασιν ἢ τοῖς ὅπλοις ἢ τῇ βρώσει καὶ πόσει ἢ τοῖς ὑποζυγίοις ἢ τοῖς μύροις. ἀλλ' οὐδὲ ἦν δυνατὸν ὑπερηφάνους ὄντας τοὺς ἡμετέρους ἐχθροὺς νικᾶν. σπανίως γάρ τις τρόπαιον ἱστᾷ ὑπερήφανος καὶ ἀδδηφάγος μέχρι τέλους νόσῳ διατελεῖ, καὶ οὐ ῥᾳδίως ὁ συμβούλοις ἀσυνέτοις χρώμενος τῆς ἀπωλείας σῴζεται. ἔγωγε

(111) So blieb der Rabe dort, lernte alles von den Eulen und wurde wieder dick und fett; auch wuchsen ihm die Federn wieder. Und als sich eine Gelegenheit bot, entkam er, begab sich zu den Raben und sagte zu deren Anführer: Sei gegrüßt, o König! Siehe, ich bin zu dir nach der Ausspähung gekommen. Es bleibt nun, dass wir aufstehen und das günstige Ziel mit dem besten Anfang anpacken.

Siehe, alle Eulen sind in einer bestimmten Höhle verborgen. Es nehme also jeder von euch aus diesem Wald so viel Holz, wie er tragen kann. Das lasst uns rings um den Eingang ihrer Höhle legen, ein Feuer anzünden und mit unseren Flügeln es so anfachen, dass die Flamme in die Höhe steigt. Auf diese Weise müssen die drinnen am Rauch ersticken; diejenigen, die nach außen herauskommen, werden verbrennen. Dies taten die Raben und rotteten so schließlich ihre Feinde aus. Der König der aber zog triumphierend wieder in seine eigene Wohnstatt.

(112) Und er sagte zum Raben: Wie hast du die Gemeinschaft und die Schlechtigkeit der Eulen ertragen? Der Rabe sagte: Der vernünftige Mann, der ins Unglück gerät, gleicht den simplen Leuten, bis er seine eigenen Wünsche vergessen hat. Der König sagte: Vermelde mir, wie die Gedanken der Eulen sind. Der Rabe sagte: Ich habe bei ihnen keine Verständigere gesehen als die Eule, die zu meiner Ermordung riet. Alle übrigen waren mehr als nötig abgewandt. Ein König muss ja seine eigenen Geheimnisse bewahren und nicht zulassen, dass sich ein anderer seinen eigenen Schriften nähert, oder dem Wasser, mit dem er sich waschen will, oder dem Lager oder der Kleidung oder den Waffen oder dem Essen und Trinken oder den Reittieren oder den Salben. Es ist ja nicht möglich, unsere Feinde zu besiegen, die oben in der Luft erscheinen; selten nämlich steht ein Siegeszeichen in der Luft. Der Gefräßige bleibt bis zum Ende in der Krankheit; nicht leicht kann derjenige, der unverständige Ratgeber gebraucht, vor dem

οὖν ὑπετάγην καὶ ἐταπεινώθην τοῖς ἐχθροῖς, ἵνα τύχω τοῦ τοιούτου κατορθώματος, καθάπερ ὁ ὄφις ὁ τῷ βατράχῳ ὑποπεσών.

(113) λέγεται γάρ, ὡς ὄφις τις παρηβηκὼς πρὸς τὴν θηρείαν ἠτόνησε καὶ τῆς ἀναγκαίας ἠπόρει τροφῆς. καὶ ἕρπων κατέλαβε λίμνην βατράχων μεστήν, ἐξ ἧς τὴν ἀρχὴν ἤγρευε, καὶ σκυθρωπὸς καὶ κατηφὴς γενόμενος ἑαυτὸν ἐξήπλωσε πλησίον ἐκεῖσε. βάτραχος δέ τις εἶπε πρὸς αὐτόν· τί ἀλύεις καὶ κατηφιᾷς; ὁ δὲ εἶπε· καὶ πῶς οὐ σκυθρωπάσω; ἀεὶ γὰρ ἀπὸ ταύτης τῆς λίμνης τὰ πρὸς τὸ ζῆν ἀναγκαῖα ἐποριζόμην. νῦν δέ μοί τινος τῶν ἀσκητῶν ἐπαρασαμένου οὐκέτι δύναμαι πρὸς ὑμᾶς καὶ βούλομαι ὑποζύγιον ἔσεσθαι τῷ τῶν βατράχων βασιλεῖ. ταῦτα ἀκούσας ὁ τῶν βατράχων βασιλεὺς προσελάβετο τοῦτον καὶ ἐπέβαινεν αὐτῷ καὶ δύο βατράχους ἐδίδου τούτῳ εἰς διατροφὴν ἑκάστῃ ἡμέρᾳ. (114a) οὕτω κἀγὼ διὰ τοιοῦτον τέλος πρόσκαιρα ὑπέστην ἀλγεινά.

ὁ δὲ βασιλεὺς εἶπεν· ὁρῶ τὴν δι' ὑπουλότητος καὶ μηχανῆς εὐόδωσιν καὶ νίκην κρείττονα τῆς δι' ἀντερείσεως. τὸ γὰρ πῦρ θερμότατον ὂν καὶ ὀξύτατον μόνα τὰ ὑπὲρ γῆν ἀναλίσκει, τὸ δὲ ὕδωρ ψυχρὸν ὂν καὶ γαληνὸν καὶ κάτωθεν αὐτῷ διεισδύνει καὶ ἐκριζοῖ τὰ ἐν αὐτῷ. λέγεται γάρ, ὡς οὐ δεῖ καταφρονεῖν τουτωνὶ τῶν τεσσάρων οὐδὲ τοῦ ἐλαχίστου· λέγω δή, πυρός, νόσου, ἐχθροῦ καὶ χρέους.

ὁ δὲ κόραξ εἶπεν· ὅσα κατώρθωτο, διὰ τῆς σῆς εὐτυχίας γέγονεν, ὦ βασιλεῦ. ὅτε γὰρ δύο τινὲς ἐπιζητήσουσι τρόπαιον, ὁ κρείττων τούτων τὴν συνείδησιν τούτου τεύξεται. εἰ δ' ἐξισοῦνται κατὰ ταῦτα, ὁ νουνεχέστερος, εἰ δὲ καὶ κατὰ τοῦτο παρομοιοῦσιν, ὁ κρειττόνων εὐπορῶν ὑπηκόων. εἰ δὲ καὶ κατὰ τοῦτο ἰσάζουσιν, ὁ εὐτυχέστερος.

Verderben bewahrt werden. Ich aber unterwarf und demütigte mich vor den Feinden, damit ich diese Wiederaufrichtung erreiche, wie die Schlange sich dem Frosch unterordnete.

(113) Man erzählt nämlich: Eine alte Schlange war für die Jagd von Kräften gekommen und litt Mangel an der notwendigen Nahrung. Sie kroch voran und kam so zu einem Teich voller Frösche, aus dem sie anfangs gejagt hatte. Mürrisch und niedergeschlagen geworden streckte sie sich in der Nähe dort aus. Ein Frosch sagte zu ihr: Was bist du so traurig und niedergeschlagen? Sie sagte: Wie soll ich nicht mürrisch blicken? Immer nämlich habe ich mir aus diesem Teich das Lebensnotwendige verschafft. Nun hat mich einer der Asketen mit seinen Beschwörungen verzaubert, so dass ich nicht mehr zu euch kommen kann; ich will ein Reittier für den König der Frösche sein. Als dies der König der Frösche hörte, nahm er sie auf, ritt auf ihr und gab ihr an jedem Tag zwei Frösche zur Nahrung. (114a) So habe auch ich wegen dieses Ziels eine Zeit lang Schmerzhaftes ertragen.

Der König sagte: Ich sehe, dass der Erfolg durch List und Tücke stärker ist als der durch Widerstreit. Das Feuer, das doch das heißeste und schärfste ist, verzehrt nur das, was über der Erde ist, das kalte ruhige Wasser aber schleicht auch unbemerkt unter der Erde fort und untergräbt die Wurzeln. Man erzählt nämlich, dass man diese vier nicht im Geringsten verachten darf, ich meine Feuer, Krankheit, Feind und Schulden.

Der Rabe sagte: Was gelungen ist, geschah wegen deines guten Glücks, o König. Wenn zwei sich um den Siegespreis streiten, wird sich derjenige als der Stärkere erweisen, der das Bewusstsein davon (von List und Tücke) hat. Sind sie sich darin gleich, der Verständigere; wenn sie sich auch darin gleichen, derjenige, der über die stärkeren Untertanen verfügt, und wenn sie auch darin gleich sind, derjenige mit mehr Glück.

ὁ δὲ βασιλεὺς εἶπεν· εὗρόν σε ἔργοις αὐτοῖς τὴν εὔνοιαν ἐπιδεικνύμενον, τοὺς δὲ λοιποὺς λόγοις μόνοις ἀνηνύτοις. διὰ γάρ σου μεγίστη χάρις νῦν ἐπεγένετο, ἤγουν ἡδέος ὕπνου καὶ τροφῆς ἡδονὴ διὰ σοῦ προσεπορίσθη ἡμῖν. λέγεται γάρ, ὡς ἄνεσιν πολλὴν εὑρίσκει ὁ ἐκ πυρετοῦ ἀνακαλούμενος, ὁ βαρὺ φορτίον ἀποτιθεὶς καὶ ὁ τῆς ἐξ ἐχθρῶν βλάβης ἀπαλλαγείς.

(114c) ὁ δὲ βασιλεὺς εἶπε· πῶς ἐθεάσω τὴν τοῦ γλαυκῶν βασιλέως διαγωγήν;

ὁ δέ φησι· μοχθηρὰν καὶ πονηρὰν καὶ ἀνώμαλον καὶ ἄτακτον καὶ τοὺς ὑπ᾽ αὐτὸν ὁμοίους αὐτῷ ἐκτὸς μόνου τοῦ τὴν ἀναίρεσίν μου συμβουλεύσαντος. οὗτος γὰρ πάντων συνετώτερος ὤφθη.

Der König sagte: Ich fand, dass du in deinen Werken das Wohlwollen gezeigt hast, die übrigen nur mit andauernden Reden. Deshalb ist dir nun die größte Gnade zuteilgeworden. Es soll dir nämlich durch uns das Vergnügen von süßem Schlaf und Speise verschafft werden, da dies durch dich vorher uns verschafft worden ist. Man erzählt nämlich, dass der viel Erholung findet, der nach einem Fieber wieder gesund wird, der eine schwere Last ablegt und der vom Schaden durch die Feinde befreit ist.

(114c) Der König sagte: Wie hast du die Lebensweise des Königs der Eulen gesehen?

Er sagte: Als boshaft, übel, unmäßig und ungeordnet; auch die ihm Unterstellten waren ähnlich, mit Ausnahme allein des Ratgebers, der zu meiner Ermordung riet. Dieser erschien von allen als der Verständigste.

5.

(115) Ὁ δὲ βασιλεὺς τῷ φιλοσόφῳ εἶπεν· ἔγνων τὸ ῥηθὲν παράδειγμα. λοιπόν μοι ἀνάγγειλον, πῶς πολλάκις μεταλαμβάνων τις τῶν ἐφετῶν καὶ μήπω καλῶς τὸ ἐπικτηθὲν τηρεῖν δυνάμενος ἀπόλλυσι τοῦτο.

ὁ δὲ φιλόσοφος εἶπεν· (116a) λέγεταί, ὥς τινες πίθηκες βασιλέα ἔχοντες παρηβηκότα τῷ χρόνῳ καὶ ὑπέργηρων τοῦτον διὰ τὸ γῆρας τῆς ἰδίας ἀρχῆς ἐξεδίωξαν. ὁ δὲ παντελεῖ συσχεθεὶς ἀπορίᾳ ἐπί τινα συκῆν παρεγένετο καὶ κατῴκησεν ἐν αὐτῇ, καὶ ἤσθιε τὸν καρπὸν αὐτῆς.

μιᾷ δὲ τῶν ἡμερῶν ἐσθίοντι πέπτωκε τῆς χειρὸς αὐτοῦ μία συκῆ, ἣν ἅρασα ἡ χελώνη ἔφαγεν, ἐφ᾽ ᾧ ὁ πίθηξ γελάσας οὐ διέλιπε τὴν χελώνην συκίζων. ἡ δὲ ἡδυτάτην εὑροῦσα τροφὴν τῆς οἰκίας ἐπελάθετο· καὶ διὰ τοῦτο ἡ σύζυγος αὐτῆς ἀθυμοῦσα ἦν τὰ μέγιστα καὶ πόρον ἐζήτει, δι᾽ οὗ τὸν πίθηκα ἀπολέσει καὶ τὸν σύζυγον ἀπολήψεται.

μιᾷ δὲ τῶν ἡμερῶν ἡ χελώνη οἴκαδε ἀπιοῦσα καὶ περίλυπον τὸν σύζυγον ἰδοῦσα εἶπε πρὸς αὐτόν· τί ὅτι σκυθρωπὸν ὁρῶ σε καὶ νοσερόν; ἡ δὲ εἶπε· νόσῳ δεινῇ περιέπεσον καὶ οὐκ ἔστιν ἴασιν εὑρεῖν, εἰ μή γε καρδίᾳ πίθηκος χρήσομαι. ὁ δὲ ἀπορήσας καθ᾽ ἑαυτὸν διελογίζετο τὴν τοῦ ζητουμένου δυσχέρειαν καὶ ὡς οὐχ ἑτέραν καρδίαν εὑρήσει εἰ μή γε τὴν τοῦ ἑταίρου αὐτῆς. ὁ δὲ τὸ τοιοῦτον παράβασιν εἶναι διανοούμενος παντοίων ἐγένετο λογισμῶν.

καὶ ἀπελθὼν πρὸς τὸν πίθηκα προσηγόρευσεν αὐτόν. ὁ δὲ τοῦτον περὶ τὸν βίον καὶ τοὺς οἰκείους καὶ τὴν βραδυτῆτα ἀνηρώτα καὶ ἡ χελώνη ἀπεκρίνατο, ὡς οὐ δι᾽ ἄλλο τι ὑστέρησεν εἰ μή γε διὰ τὴν πρὸς τοῦτον αἰδῶ, μὴ ἀξίαν τὴν ἀντέκτισιν τῆς εὐποιΐας δυναμένη ἐργάσασθαι. ὁ δὲ πίθηξ

5.

(115) Der König sagte zum Philosophen: Ich habe das vorgetragene Beispiel verstanden. Im Übrigen vermelde mir, wie oft jemand das Ersehnte erreicht, dann das Gewonnene nicht mehr gut bewahren kann und es verliert.

Der Philosoph sagte: (116a) Man erzählt: Gewisse Affen hatten einen König, der an Jahren fortgeschritten und sehr alt war; diesen vertrieben sie wegen seines Alters aus seinem eigenen Reich. Er aber war ganz und gar von Armut befangen, kam zu einem Feigenbaum, wohnte in ihm und aß seine Früchte.

Eines Tags fiel, als er aß, eine Feige aus seiner Hand, die eine Schildkröte nahm und aß. Darüber lachte der Affe und hörte nicht mehr auf, die Schildkröte mit Feigen zu füttern. Sie fand diese Speise sehr süß und vergaß ihr Haus. Ihre Gattin wurde deshalb äußerst verzweifelt und suchte sie einen Weg, durch den sie den Affen verderben und ihren Gatten (also die beim Affen weilende Schildkröte) wiederbekommen könnte.

Als die Schildkröte eines Tags nach Hause kam und die Gattin traurig sah, sagte sie zu ihr: Was ist es, dass ich dich so mürrisch und krank sehe? Sie sagte: Ich bin einer gewaltigen Krankheit verfallen und es ist nicht möglich, eine Heilung zu finden, wenn ich nicht vom Herz eines Affen esse. Sie aber war verzweifelt und überlegte bei sich die Schwierigkeit des Gesuchten und wie sie kein anderes Herz finden würde, wenn nicht das ihres Gefährten. Sie aber sah etwas Derartiges als eine Übertretung an und kam auf vielerlei Gedanken.

Sie ging zum Affen und sprach ihn an. Er fragte sie nach ihrem Wohlergehen, ihren Verwandten und der Verspätung, und die Schildkröte antwortete, dass sie sich aus keinem anderen Grund verspätet habe als wegen der Scham vor ihm, dass sie keine würdige Gegengabe für die Wohltat erweisen könne.

εἶπε· μὴ ὑπολάμβανε τοιαῦτα. οὐ γὰρ ἔγωγε τοιοῦτος ὡς ἀμοιβὰς παρὰ φίλων ζητεῖν. μᾶλλον γὰρ σύ μοι εὐεργέτης ἐχρημάτισας, τοιαύταις με περιεστοιχισμένον συμφοραῖς καὶ ἔκπτωτον γεγονότα παραμυθουμένη. ἡ δὲ χελώνη εἶπε· βούλομαι καὶ ἔτι παγιωθῆναι τὴν μεταξὺ ἡμῶν συστᾶσαν φιλίαν. ἑδραιοῦται δὲ αὕτη διὰ τριῶν, ἤγουν διὰ τῆς εἰς τὴν οἰκίαν τοῦ φίλου εἰσελεύσεως καὶ τῆς τῶν συγγενῶν θέας καὶ ἐπισκέψεως καὶ τῆς τῶν ἁλῶν κοινωνίας. ὁ δὲ πίθηξ εἶπεν· οὐ ταῦτα συνιστῶσιν, ὦ φίλη, τὴν κοινωνίαν, ἀλλὰ ἡ εἰλικρινεστάτη διάθεσις. τὸ γὰρ ὁρᾶν συγγενείας ἐστὶ καὶ τοῦ συσκηνίτου· τὸ δὲ ὁμοδίαιτον εἶναί ἐστι καὶ ἐπὶ πολλοῖς τῶν ἀλόγων ζῴων καὶ τῶν ἡμιόνων. ἡ δὲ πρὸς τὴν οἰκίαν εἰσέλευσίς ἐστι καὶ τῶν ληστευομένων.

ἡ δὲ χελώνη ὑπολαβοῦσα ἔφη· ἀληθῶς ἔφης. δεῖ γὰρ τὸν φίλον μόνιμον φιλίαν παρὰ τῶν φίλων ἀπαιτεῖν. ὁ δὲ δι' ἄλλο τι τῶν βιωτικῶν πραγμάτων τὴν φιλίαν συνιστῶν ἐπ' ἀδρανοῦς θεμελίου ταύτην οἰκοδομεῖ. λέγεται γάρ, ὡς οὐ δεῖ παρὰ τῶν φίλων περιττὰ ζητεῖν. ὁ γὰρ μόσχος, ὅτε πλέον τοῦ δέοντος τὴν μητέρα θηλάσῃ, παροργίζει αὐτὴν ὥστε διώκεσθαι παρ' αὐτῆς. ἐγὼ δὲ βούλομαί σε ἐλθεῖν εἰς τὴν οἰκίαν μου. οἰκῶ γὰρ ἐν νήσῳ ποηφόρῳ τε καὶ χλοηφόρῳ καὶ μυρίων πληθούσῃ τῶν καρπῶν. σὲ δὲ ἐπὶ τῶν ὤμων φέρων κἀκεῖσε ἀπαγάγω. πεισθεὶς οὖν ὁ πίθηξ ἐπέβαινε τῆς χελώνης καὶ ἐφέρετο παρ' αὐτῆς ἐν τῷ πελάγει. τῷ οὖν κλύδωνι μέσῳ περιπεσοῦσα ἔστη διαλογιζομένη, ὅπως ποντίσῃ τὸν πίθηκα.

ἰδὼν οὖν ὁ πίθηξ τὴν τῆς χελώνης βραδυτῆτα ὑπώπτευσε τὰ ἐναντία καὶ καθ' ἑαυτὸν ἐλογίσατο λέγων· μήποτέ τι κατ' ἐμοῦ ἐβουλεύσατο ἡ χελώνη τῶν ἀποτροπαίων; οἶδα γάρ, ὡς οὐδὲν καρδίας εὐμεταβλητότερον καὶ εὐαλλοιωτότερον. δεῖ γὰρ τὸν νουνεχῆ μὴ ἀμελεῖν ποτε ἀλλ' ἐξετάζειν τὰς τῶν συγγενῶν καὶ φίλων καρδίας καὶ τεκμαίρεσθαι τούτους ἀπό τε τῶν λόγων αὐτῶν καὶ τῶν πέριξ λοιπῶν. εἶτα πρὸς

Der Affe sagte: Nimm so etwas nicht an! Ich bin nicht jemand, der von Freunden Gegengaben erwartet. Vielmehr bist du mir zum Wohltäter geworden, indem du mich getröstet hast, der ich in solchen Unglücken befangen und ein Verbannter geworden war. Die Schildkröte sagte: Ich will auch die zwischen uns bestehende Freundschaft festigen. Durch drei Stücke befestigt sich ja Freundschaft: wenn man in das Haus des Freundes geht, seine Verwandten sieht und an seinem Salz teilhat. Der Affe sagte: Nicht dies, o Freundin, macht die Gemeinschaft aus, sondern die genau geprüfte Gesinnung. Verwandschaften kann man nämlich auch beim Zeltgenossen sehen, dasselbe Essen gibt es auch bei vielen unvernünftigen Tieren und Mauleseln und den Besuch zu Hause gibt es auch bei Räubern.

Die Schildkröte sagte darauf: Du sprichst wahrhaft. Es muss nämlich allein der Freund die Freundschaft der Freunde erwidern. Wer aber aus anderen als den lebenswerten Dingen die Freundschaft errichtet, der baut sie auf ein schwaches Fundament. Man sagt ja, dass man von Freunden nichts Überflüssiges erwarten darf. Ein Kalb, das länger als nötig bei der Mutter säugen will, macht sie zornig, so dass es von ihr zurückgestoßen wird. Ich aber will, dass du in mein Haus kommst. Ich wohne nämlich auf einer Insel, die voller Weiden, Kräuter und einer zehntausendfachen Vielfalt an Früchten ist. Dich werde ich auf meinen Schultern tragen und dorthin bringen. Der Affe ließ sich überreden, stieg auf die Schildkröte und wurde von ihr auf dem Meer getragen. Mitten auf den Wogen blieb sie stehen und erwog, den Affen zu versenken.

Als der Affe das Langsamwerden der Schildkröte sah, hatte er den gegenteiligen Verdacht, überlegte bei sich und sagte: Will die Schildkröte vielleicht von mir etwas von den Abwehrmitteln? Ich weiß ja, dass nichts wankelmütiger und leichter veränderlich ist als das Herz. Der Verständige darf nie etwas vernachlässigen, sondern muss die Herzen der Verwandten und Freunde prüfen und aus ihren Worten und allem Übrigen

τὴν χελώνην εἶπεν· ὁρῶ σε σύννουν καὶ ἔμφροντιν καὶ δέδοικα. τί οὖν τὸ τοιαύτης μερίμνης αἴτιον; ἡ δὲ εἶπε· φροντίς μοί ἐστι μεριστή, μήποτε καταλαβὼν τὴν οἰκίαν μου οὐκ ἐντύχω ἅπασιν, ὡς βούλομαι. κλινοπετὴς γὰρ καὶ περιαλγὴς ἡ ἐμὴ ὁμευνέτις ἐστίν. ὁ δὲ πίθηξ εἶπε· μὴ μερίμνα περὶ τούτου. οὐδὲν γὰρ λυσιτελεῖ ἡ μέριμνα, ἀλλὰ φρόντισον αὐτῇ ἀκεσωδύνων φαρμάκων.

ἡ δὲ χελώνη εἶπε· φασὶν ἰατρῶν παῖδες τὴν τοῦ πίθηκος καρδίαν τὴν νόσον ἰᾶσθαι αὐτῆς.

τοῦτο ἀκούσας ὁ πίθηξ καθ' ἑαυτὸν τὴν οἰκείαν ὠδύρετο ἀπώλειαν λέγων· φεῦ τῆς ἐμῆς ἀβελτηρίας, ὅπως ἡ πλεονεκτικὴ γνώμη γηραιὸν ὄντα τοιούτοις με κακοῖς περιέπειρεν. ὁ γὰρ τοῖς ὀλίγοις ἀρκούμενος ἄνετον βιοῖ τὴν ζωήν. ὁ δὲ πλεονεκτικὴν ἔχων τὴν γνώμην ἐν μόχθοις ἀεὶ καὶ πόνοις τῶν ἡμερῶν αὐτοῦ διαπεραιοῦται τὸν δίαυλον. εἶτα πρὸς τὴν χελώνην εἶπε· διὰ ποῖον λόγον, ὦ φιλτάτη, οὐκ ἐδήλωσάς μοι τοῦτο πρὶν ἢ τὴν οἰκίαν με καταλιπεῖν ὥστε με τὴν καρδίαν ἀναλαβέσθαι σὺν ἐμοί; νενομισμένον γάρ ἐστιν ἡμῖν, ὅτε πρὸς φίλον ἀπέλθωμεν, τὴν καρδίαν οἴκαδε καταλιμπάνειν διὰ τὸ μὴ ὑπολαβεῖν τι ἐναντίον περὶ φίλου. καὶ ταῦτα ἀκούσασα ἡ χελώνη ὀπισθόπους χαίρουσα ἔπλεε καὶ τὸν πίθηκα τῷ αἰγιαλῷ προσώρμισεν. ὁ δὲ τῆς χέρσου ἐπιβὰς δρομαῖος ἐπὶ τὴν συκῆν ἀνῆλθεν. ἡ δὲ χελώνη κάτωθεν στᾶσα· κάτελθε διὰ τάχους, ἔλεγεν, ἑταῖρε, ἵνα οἴκαδε ἀπελευσόμεθα, καὶ ἔνεγκε σὺν σοὶ τὴν καρδίαν σου.

ὁ δὲ πίθηξ ὑπολαβὼν εἶπεν· (118b) εἰ τοῦτο ποιήσω, καρδίαν τέλεον ὄντως οὐκ εὐπορήσω.

(118c) οὕτως οἱ καιροῦ εὐθέτου δραξάμενοι καὶ μὴ τὸ κατὰ σκοπὸν ἐκπληροῦντες, τούτου παραδραμόντος, πάντῃ τοῦ ἔργου ἀποτυγχάνουσιν.

Schlüsse ziehen. Dann sagte er zur Schildkröte: Ich sehe dich in Gedanken und bekümmert; das macht mich besorgt. Was ist denn der Grund für diesen Kummer? Sie sagte: Mein Gedanke ist kummervoll, ich könnte, wenn ich nach Hause komme, nicht alles so antreffen, wie ich will. Meine Gattin nämlich ist bettlägerig und voller Schmerzen. Der Affe sagt: Sei darüber nicht bekümmert. Nichts Nützliches nämlich ist der Kummer. Vielmehr denke über schmerzlindernde Heilmittel für sie nach!

Die Schildkröte sagte: Es sagen die Söhne der Ärzte, dass das Herz eines Affen ihre Krankheit heilen kann.

Als der Affe dies hörte, beklagte er seinen eigenen Untergang und sagte: Wehe meiner Einfalt, dass das Mehr-Haben-Wollen mich Alten in solche Übel hat geraten lassen. Wer mit wenigem zufrieden ist, lebt ein vergnügtes Leben. Wer aber das Mehr-Haben-Wollen hat, der bringt seinen Tageslauf stets unter Anstrengungen und Mühen vorüber. Dann sagte er zur Schildkröte: Aus was für einem Grund, liebste Freundin, hast du mir dies nicht offenbart, bevor ich mein Haus verlassen habe, dass ich mein Herz mit mir mitbringen soll? Bei uns Affen ist es nämlich üblich, dass wir, wenn wir zu einem Freund gehen, das Herz zu Hause zurücklassen, weil wir nicht etwas Widriges über einen Freund annehmen. Als die Schildkröte dies hörte, kehrte sie freudig um und brachte den Affen über das Meer an das Ufer. Sowie er das Festland betrat, lief er eilig zum Feigenbaum und ging hinauf. Die Schildkröte aber blieb unten stehen und sagte: Komme schleunig herab, damit wir nach Hause zurückkehren, und bringe mit dir dein Herz!

Der Affe sagte darauf: (118b) Wenn ich das tue, werde ich mein Herz bestimmt nicht herbeibringen.

(118c) So bringen sich diejenigen, die den rechten Augenblick ergreifen und dann nicht das Ziel erreichen, sondern am ihm vorbeilaufen, in jeder Weise um das Ergebnis.

6.

(119) Ὁ δὲ βασιλεὺς εἶπεν· ἔγνων τὸ τοιοῦτον παράδειγμα. λοιπὸν ἀνάγγειλόν μοι, τίνι ἔοικεν ὁ σπεύδων ἐπί τι ἔργον καὶ μὴ ἀνεχόμενος τοῦτο πρὸ τῆς ἐπιχειρήσεως καταμαθεῖν.

ὁ δὲ φιλόσοφος εἶπε· (120) λέγεταί, ὥς τις ἀνὴρ ἅμα τῇ ἰδίᾳ ὁμευνέτιδι καταμόνας συζῶν ποτε καιροῦ εἶπε πρὸς αὐτήν· εὔελπίς εἰμι, ὦ γύναι, ὡς ἄρρην παῖς ἡμῖν τεχθήσεται, ὃς ἡμῖν προθύμως ἐκδουλεύσει. λοιπὸν σκεψώμεθα, τί τούτῳ τῶν ὀνομάτων ἐπιθήσομεν. ἡ δὲ τούτου ὁμευνέτις εἶπε· παῦσαι, ἄνερ, τοῦ λήρου. ἡδὺς γὰρ εἶ τοιαῦτα φθεγγόμενος καὶ περὶ τῶν ἀδήλων ἀποφαινόμενος, καὶ ἔοικας ἐκείνῳ τῷ ἀνδρὶ τῷ τὸ μέλι καὶ τὸ βούτυρον καταχύσαντι.

(121) λέγεται γάρ, ὥς τις ἀνὴρ τῶν πενήτων βούτυρον καὶ μέλι ἔν τινι ἀγγείῳ, ἔνθα ἐκάθευδε, περιεῖχε. μιᾷ δὲ τῶν νυκτῶν καθ' ἑαυτὸν τοιαῦτα διελογίζετο λέγων· μέλλω τὸ τοιοῦτον μέλι πωλῆσαι εἰς νομίσματα τόσα καὶ δι' αὐτῶν ἀγοράσαι αἶγας δέκα, αἵτινες διὰ πέντε μηνῶν ἀποτέξουσιν ἑτέρας δέκα καὶ διὰ πέντε ἐτῶν περιστήσονται εἰς τετρακοσίας, δι' ὧν ἐξωνησόμεθα βόας ἑκατόν. δι' αὐτῶν ἄρουραν σπείρωμεν. ἐκ τῶν ἐπιγεννημάτων ὁμοῦ καὶ τῶν καρπῶν δι' ἑτέρων πέντε ἐτῶν ῥοιζηδὸν ἀφνειὸς γενήσομαι. καὶ οἰκίαν ἀνεγείρω τετραόροφον καὶ χρυσόροφον καὶ δούλους παντοδαποὺς ἐξωνήσομαι καὶ ὁμευνέτιδι συζευχθήσομαι, ἥτις καὶ παῖδά μοι τέξεται, καὶ καλέσω τοῦτον Πάγκαλον καὶ παιδεύσω τοῦτον, ὡς δεῖ, καὶ εἴπερ ἀμελοῦντα τοῦτον θεάσομαι, ταύτῃ τῇ ῥάβδῳ οὑτωσὶ τύψω. καὶ λαβὼν τὴν περικειμένην αὐτῷ ῥάβδον καὶ τὸ ἀγγεῖον ταύτῃ διακρούσας τοῦτο διέρρηξε καὶ τὸ μέλι καὶ τὸ βούτυρον τῷ ἰδίῳ πώγωνι κατέχυσεν.

6.

(119) Der König sagte: Ich habe dieses Beispiel verstanden. Im Übrigen vermelde mir, wem der gleicht, der zu einem Werk eilt und es nicht abwarten kann, dessen Ausgang vor der Erprobung zu erfahren.

Der Philosoph sagte: (120) Man erzählt: Ein junger Mann, der mit seiner Gemahlin erst seit kurzer Zeit verbunden war, sagte zu ihr: Ich bin guter Hoffnung, o Frau, dass uns ein männliches Kind geboren werden wird, das uns bereitwillig dienen wird. Im Übrigen wollen wir zusehen, welchen Namen wir ihm geben wollen. Seine Gemahlin sagte: Höre auf, Mann, mit dem Geschwätz. Du bist süß, wenn du das sagst und dich über Unbekanntes äußerst und du gleichst jenem Mann, der sich mit Honig und Butter übergossen hat.

(121) Man erzählt nämlich: Ein Mann aus den Reihen den Armen hatte Butter und Honig in einem Topf, wo er schlief. Eines Nachts überlegte er bei sich Folgendes: Ich will diesen Honig verkaufen für so und so viel Geld, und mir damit zehn Ziegen kaufen, die nach jeweils fünf Monaten nochmals je zehn Junge gebären werden; nach fünf Jahren werden es also etwa 400 sein, für die ich mir 100 Rinder kaufen kann. Mit denen wollen wir ein Landgut bestellen. Aus den Nachkommen von ihnen und aus den Früchten von den anderen werde ich in fünf Jahren rasch wohlhabend sein. Und ein Haus werde ich errichten mit vier Stockwerken und goldener Decke und werde vielerlei Sklaven kaufen und eine Gemahlin heiraten, die mir auch einen Sohn gebären wird; den werde ich Pankalos nennen und ihn so erziehen, wie man muss. Wenn ich sehe, dass er nachlässig ist, werde ich ihn mit dem Stock schlagen. Und er nahm den bei ihm liegenden Stock und schlug damit an das Gefäß, zerbrach es und schüttete sich den Honig und die Butter auf seinen eigenen Bart.

(122) εἶτα ἔτεκε παῖδα ἡ τούτου ὁμευνέτις. μετὰ δέ τινας ἡμέρας εἶπεν ἡ γυνὴ πρὸς τὸν ἄνδρα· προσανάσχου ἐνταῦθα παρὰ τῷ παιδί, ἄχρις ὅτου ἀπελθοῦσα διὰ τόδε ὑποστρέψω. καὶ ταύτης ἀπελθούσης προσεκλήθη παρὰ τοῦ ἀρχηγοῦ ὁ ἀνήρ. ἔτυχε δὲ τηνικαῦτα ἀμφοῖν ἀποδημεῖν καὶ ὄφιν ἐπὶ τὸν παῖδα ἑρπύσαι, ὃν ἐπεισπηδήσασα νύμφη κατέκοψεν. ὑποστρέψας δὲ ὁ ἀνὴρ καὶ ταύτην ἰδὼν θύραθεν καθῃμαγμένην τῷ τοῦ ὄφεως αἵματι ἔδοξε τὸν παῖδα ταύτην λαφύξαι, καὶ μὴ ἀνασχόμενος μέχρι τῆς τοῦ παιδὸς θέας κατὰ κεφαλῆς ταύτην ἔτυψεν ἀφειδῶς καὶ ἀπέκτεινεν. εἰσελθὼν δὲ καὶ σῶον τὸν παῖδα εὑρὼν καὶ τὸν ὄφιν ἀνῃρημένον σφόδρα μετάμελος γέγονε καὶ ἔκλαυσε πικρῶς.

9(123) οὕτως ἄρα οἱ σπεύδοντες εἰς πολλὰ τῶν πραγμάτων σφάλλονται.

(122) Dann gebar seine Frau einen Knaben, und nach einigen Tagen sagte die Frau zum Mann: Passe hier einmal bei dem Kind auf, bis ich von da, wohin ich fortgehe, durch diese (Tür) zurückkehre. Als sie fortgegangen war, wurde der Mann zum *Archegos* gerufen. Es geschah, als beide eine Zeit lang fort waren, dass eine Schlange zu dem Kind kroch; als die Frau eintraf, erschlug sie die Schlange. Als nun der Mann zurückkam und sie von draußen mit dem Blut der Schlange besudelt sah, glaubte er, sie habe das Kind geschlachtet, wartete nicht, bis er das Kind sah, und schlug sie schonungslos auf den Kopf und tötete sie so. Als er dann hineinging und das Kind heil vorfand, die Schlange aber getötet, wurde er sehr reumütig und weinte bitterlich.

(123) So also kommen diejenigen, die zu vielen Dingen eilen, zu Fall.

7.

(124) Ὁ δὲ βασιλεὺς εἶπεν· ἔγνων τὸ τοιοῦτον. ἀνάγγειλόν μοι, πῶς ἔνεστι τῷ βασιλεῖ τὴν οἰκίαν τηρεῖν ἀβλαβῆ καὶ ἐν τίνι μᾶλλον τῇ ἀνοχῇ ἢ τῇ ἀγαθῇ συνειδήσει ἢ τῇ μεταδόσει.

ὁ δὲ φιλόσοφος ὑπολαβὼν εἶπε· πάντων κρείττων ἡ φρόνησις καὶ ἡ ἀνοχὴ καὶ πρὸς τούτοις ἡ τῶν συνετῶν συμβούλων σύνεσις, εἶτα καὶ ἡ ἀρίστη καὶ συνετωτάτη γυνή. ἔστω δὲ τοῦτο παράδειγμα τὸ εἴς τινα τῶν Ἰνδῶν βασιλέα συμβάν.

(125) λέγεται γάρ, ὥς τις βασιλεὺς μιᾷ τῶν νυκτῶν ὀκτὼ ὀνείρους φοβερωτάτους ἰδὼν ἐθροήθη καὶ ἀφυπνισθεὶς προσεκαλέσατο πάντας τοὺς φιλοσόφους, καὶ ἃ εἶδε καθ' ὕπνους διηγήσατο αὐτοῖς. οἱ δὲ εἶπον αὐτῷ· ὀπτασίαν ἑώρακας ἀξιοθαύμαστον, καὶ δεῖ ἡμᾶς ἑπτὰ ἡμέρας τὰ περὶ ταύτης σκοπεῖν, εἴ ποτέ σε δυνάμεθα τῆς βλάβης ἀναγαγεῖν. οἱ δὲ ἐξελθόντες διηλέχθησαν πρὸς ἀλλήλους καὶ εἶπον· οὐ πολὺς παρῴχηκε χρόνος, ἐξ ὅτου ὁ δεινὸς οὗτος βασιλεὺς ἀνῄρηκε μυρίους ἐξ ἡμῶν. νῦν οὖν τὸ θεῖον ἡμῶν προνοούμενον ἐνέβαλε τοῦτον ταῖς ἡμετέραις χερσί. καὶ δεῖ ἡμᾶς, ἵνα τοῦτον ἀπολέσωμεν, τοιαῦτα συναινεῖν αὐτῷ, ἵνα τὴν σὴν ὁμευνέτιν ἀναιρήσῃς καὶ τὸν υἱὸν αὐτῆς. πρὸς τούτοις καὶ τὸν σὸν υἱὸν καὶ τὸν σὸν πρωτοσύμβουλον καὶ τὸν πρωτονοτάριον καὶ τὸν λευκὸν ἐλέφαντα, εἰς ὃν ἐπιβαίνεις, καὶ τοὺς ἑτέρους δύο μεγίστους ἐλέφαντας καὶ τὸν ἵππον καὶ τὴν κάμηλον καὶ τὸ αἷμα τούτων ἐν φιάλῃ ἀποθήσῃς, δι' οὗ σε καὶ ἀποπλύνωμεν καὶ ἐπᾴσωμεν ἀκεσωδύνους ἐπῳδὰς καὶ ἀναρρύσωμεν τῶν μελλόντων σοι ἐπισυμβῆναι ἀνιαρῶν. καὶ ταῦτα σκεψάμενοι προσῆλθον τῷ βασιλεῖ καὶ εἶπον· ἠρευνήσαμεν ἐν ταῖς γραφαῖς καὶ εὕρομεν, ὡς οὐκ ἔστι σοι ἕτερος πόρος σωτηρίας πλὴν διὰ τοῦ ποιῆσαί σε τάδε καὶ τάδε. βούλομαι ἐγὼ τούτους, ὁ βασιλεὺς εἶπε, σώ-

7.

(124) Der König sagte: Dies habe ich verstanden. Vermelde mir, wie es einem König möglich ist, das Haus unbeschadet zu bewahren, und womit mehr – durch Haltung oder Gewissen oder Wohltätigkeit.

Der Philosoph sagte darauf: Viel stärker als alles sind Klugheit und Haltung und dazu das Verständnis für den Rat der Weisen, dann eine sehr gute und sehr verständige Frau. Es soll das Folgende ein Beispiel sein, was bei einem der Könige der Inder geschehen ist.

(125) Man erzählt nämlich: Ein König hatte eines Nachts acht sehr schreckliche Träume, erschrak und wachte auf. Er rief alle Philosophen herbei und erzählte ihnen, was er im Schlaf gesehen hatte. Sie sagten zu ihm: Das Traumgesicht, das du gesehen hast, ist staunenswert; gib uns sieben Tage Bedenkzeit, um nachzuforschen, ob wir vielleicht den Schaden von dir abwenden können. Sie gingen fort, beratschlagten, was zu tun sei, und sagten: Nicht viel Zeit ist vergangen, seitdem dieser gewaltige König Zehntausende von uns getötet hat. Nun hat die Gottheit an uns gedacht und ihn in unsere Hände gebracht. Damit wir ihn verderben, müssen wir ihm dieses anraten, dass ›du deine Gemahlin und deren Sohn töten musst, dazu auch deinen Sohn und deinen *Protosymboulos* und den *Protonotarios* und den weißen Elefanten, auf dem du zu sitzen pflegst, und auch die zwei größten Elefanten, das Pferd und das Kamel; deren Blut musst du in einer Schale aufbewahren. Damit werden wir dich waschen, schmerzstillende Lieder singen und sicherstellen, dass dir in der Zukunft nichts Beschwerliches mehr zustößt.‹ Dies überlegten sie, dann gingen sie zum König und sagten: Wir haben in den Schriften geforscht und gefunden, dass es für dich keinen anderen Weg zur Rettung gibt als dass du dies tust. Ich will, dass diese bewahrt bleiben, sagte der König, und ich umkomme.

ους εἶναι, κἀμὲ ἀπολέσθαι. οἱ δὲ πρὸς αὐτὸν εἶπον· μηδέν τι τῆς ἑαυτοῦ προέλῃ ψυχῆς. πάντα γὰρ ταύτης ὑποδεέστερα.

ἀκούσας οὖν ταῦτα ὁ βασιλεὺς καὶ περίλυπος γενόμενος ἐπὶ τῆς ἰδίας πέπτωκε κλίνης διαλογιζόμενος, τί ἐργάσεται. διεδόθη οὖν ἡ φήμη πανταχοῦ περὶ τῆς τοῦ βασιλέως ἀθυμίας. καὶ τοῦτο μαθὼν ὁ πρωτοσύμβουλος αὐτοῦ καὶ τὸν δόλον φωράσας οὐκ ἔγνω δεῖν αὐτοψεὶ προσομιλῆσαι περὶ τούτου τῷ βασιλεῖ ἀλλὰ τῇ τούτου πρότερον ὁμευνέτιδι καὶ εἶπεν αὐτῇ· ὁρῶ τὸν βασιλέα περίλυπον καὶ δέδοικα, μήποτε οἱ ψευδεῖς οὗτοι φιλόσοφοι δόλον κατ' αὐτοῦ συνέρραψαν διὰ μνησικακίαν βουλόμενοι τοῦτον τέλεον ἐξολοθρεῦσαι. ἀλλ' ἐπερώτησον αὐτὸν δι' ἣν αἰτίαν νῦν τοσοῦτον ἀθυμεῖ, καὶ ταύτην μαθοῦσά μοι ἀποκάλυψον. ἡ δὲ ἐλθοῦσα πρὸς αὐτὸν καὶ καθίσασα πρὸς τὴν κεφαλὴν εἶπεν· ἀνάγγειλόν μοι, ὦ βασιλεῦ, τί σοι συνεβουλεύσαντο οὗτοι οἱ φιλόσοφοι; ὁ δὲ βασιλεὺς εἶπε· μὴ προσθήσῃς τοῖς μώλωψί μου μώλωπας καὶ ταῖς ὀδύναις ὀδύνας. οὐ δεῖ γάρ σε τὰ τοιαῦτα πυνθάνεσθαι διὰ τὴν τούτων ὑπεροχὴν καὶ κακίαν. ἡ δὲ εἶπεν· οὐκ ἤλπιζόν σε ἐξ ἐμοῦ ποτε μυστήριον ἀποκρύψαι. εἰ μὴ γὰρ ἐμοὶ ἀποκαλύψεις τὸ τοιοῦτον εὐνοούσῃ σοι, σχολῇ ἂν ἑτέρῳ πιστεύσῃς. ὁ δὲ εἶπεν αὐτῇ· τί με ἐπερωτᾳς, ὦ γύναι, περὶ τῆς ἀπωλείας σου καὶ πάντων ἐμοὶ τῶν φιλτάτων; ἡ δὲ εἶπεν· ἐγὼ μὲν καὶ οἱ λοιποὶ οὐκ ἐκφευξόμεθα τοῦ μὴ γενέσθαι σοι ἀνταλλαγή. τί γάρ σου ἡμῖν τιμιώτερον; ἀλλὰ δέομαί σου, ὦ βασιλεῦ, ἵνα μετὰ τὴν ἐμὴν τελευτήν τινι τουτωνὶ τῶν φιλοσοφούντων μὴ πιστεῦσαι, ἔτι δὲ μὴ ἀναιρῆσαί τινα πρὸ τοῦ τοῖς ὑπὸ σὲ εὐνοήτοις ἀνακοινῶσαι τὸ βούλευμα. οὐκ οἶδας, ὡς ἐχθρωδῶς πρὸς σὲ οἱ φιλοσοφοῦντες διάκεινται, ὡς πλῆθος ἱκανὸν ἐξ αὐτῶν πρὸ ὀλίγου ἀνῃρηκότα; μὴ ὅρα τούτου τοῦ φθόνου ἐπιλαθέσθαι. ἔδει σε μηδὲ τὴν ἀρχὴν τούτοις τὸν ὄνειρον διηγήσασθαι, ἀλλ' εἴ μοι πείθῃ, ἐρώτησον τὸν παρ' ἡμῖν ἀσκητὴν γέροντα περὶ τοῦ ὀνείρου.

Sie sagten zu ihm: Nichts ziehe deiner eigenen Seele vor, alles ist mangelhafter als sie.

Als der König dies hörte und ganz traurig war, warf er sich auf seine Liege und überlegte, was zu tun wäre. Es verbreitete sich nun überall der Ruf von der Verzweiflung des Königs. Dadurch erfuhr auch sein *Protosymboulos* davon; er durchschaute die List und beschloss, er müsse darüber nicht mit dem König persönlich sprechen, sondern zuvor mit seiner Gemahlin; zu ihr sagte er: Ich sehe, dass der König betrübt ist und fürchte, dass diese lügnerischen Philosophen eine List gegen ihn eingefädelt haben und ihn wegen der Erinnerung an das erlittene Übel ganz verderben wollen. Also frage ihn, aus welchem Grund er nun so verzweifelt ist, und wenn du dies erfahren hast, eröffne es mir. Sie ging zu ihm und setzte sich an seinen Kopf, und sagte: Vermelde mir, o König, was haben dir die diese Philosophen angeraten? Der König sagte: Füge meinen Striemen nicht noch mehr Striemen und meinen Schmerzen nicht noch mehr Schmerzen hinzu! Du sollst das wegen deren Auswüchsen und Schlechtigkeit nicht erfahren. Sie sagte: Ich hatte gehofft, dass du nicht vor mir das Geheimnis verbirgst. Wenn du es mir eröffnest, werde ich dir wohlgesonnen sein, in Muße kannst du einem anderen vertrauen. Er sagte zu ihr: Was fragst du mich, o Frau, über dein Verderben und das aller mir Liebsten? Sie sagte: Weder ich noch die übrigen wollen dem entgehen, dass wir für dich nicht der Tausch sein werden. Was ist uns lieber als du? Aber ich bitte dich, o König, dass du nach meinem Ende keinem dieser Philosophen da vertraust, aber keinen von ihnen hinrichtest, bevor du nicht von denen, die unter dir in gutem Ruf stehen, Rat erhalten hast. Weißt du nicht, mit welchem Hass die Philosophen zu dir eingestellt sind, der du eine beachtliche Menge von ihnen vor Kurzem hast hinrichten lassen? Du siehst, dass sie diesen Mord nicht vergessen haben. Du hättest anfangs ihnen den Traum nicht erzählen sollen, aber wenn du auf mich hörst, befrage den bei uns lebenden alten Asketen über den Traum.

ὁ δὲ εὐθὺς τοῦ ἵππου ἐπιβὰς ἀπῄει πρὸς τὸν ἀσκητήν, καὶ ἅπερ εἶδε, τούτῳ ἀνήγγειλεν. ὁ δὲ εἶπεν αὐτῷ· μὴ πτοηθῇς, βασιλεῦ. οὐδὲν γάρ σοι ἀνιαρὸν ἐπισυμβήσεται. δηλοῦσι γὰρ οἱ δύο ἰχθύες, οὓς ἑώρακας ἐπὶ τῶν οὐραίων βαδίζοντας, ὡς πρέσβυς ἥξει σοι ἔκ τινος τῶν μεγιστάνων δύο ἐλέφαντας πολυτίμους ἐπαγόμενος. αἱ δὲ δύο νῆτται, ἃς προσπετομένας σοι ἑώρακας, σημαίνουσιν, ὡς καὶ Περσῶν ἥξει σοι πρέσβυς δύο ἵππους σοι τῶν γενναίων ἐπιφερόμενος. ὁ δὲ ἕρπων ἐπὶ σοὶ ὄφις δηλοῖ τὸ ἐνεχθῆναί σοι σπάθην, οἵαν οὐδεὶς ἑώρακε. τὸ δὲ δι' αἵματος βαπτίζεσθαί σε ἐμφαίνει τὸ πεμφθῆναί σοι δεξίωμα ἱμάτιον πορφυροῦν λάμπον ἐν τῷ σκότει. τὸ δὲ ὕδατι δεξιωθῆναι δηλοῖ τὸ διαφόροις σε στολαῖς δεξιωθῆναι. τὸ δὲ ἐπ' ὄρους σε λευκοῦ βεβηκέναι τεκμήριον ἐναργές ἐστι τοῦ ἐπ' ἐλέφαντος λευκοῦ ἐποχηθῆναί σε. τὸ δὲ ἐπὶ τῆς κεφαλῆς σου πῦρ προϋπογράφει σοι τὸ δέξασθαι στέφανον πολυτελῆ παρά τινος τῶν μεγίστων βασιλέων. περὶ δὲ τοῦ τὴν κεφαλήν σου τύπτοντος ὀρνέου ἄρτι οὐδὲν ἀποφαίνομαι. δηλοῖ γὰρ μερικήν τινα λύπην καὶ ἀποστροφὴν πρὸς ποθούμενον πρόσωπον. καὶ ταῦτα πάντα ἐπιγενήσεταί σοι μεθ' ἡμέρας ἑπτά.

ὃ δὴ καὶ κατὰ τὴν ἑβδόμην ἡμέραν γέγονε. καὶ ἧκον κατ' αὐτὴν τὴν ἡμέραν οἱ πρέσβεις πάντα, ὅσα εἶπεν ὁ ἀσκητής, ἐπιφερόμενοι. ὅπερ ἰδὼν ὁ βασιλεὺς καὶ ἔκθαμβος γεγονὼς ἔφη· δεῖ τὸν νουνεχῆ παρὰ μόνων δέχεσθαι λόγους τῶν φίλων. εἶτα ἰδὼν τὰ δῶρα ἔφη· οὐ δεῖ με ἐξ αὐτῶν σφετερίζεσθαι, ἀλλ' ἀναλάβετε ὑμεῖς ταῦτα ἅμα καὶ τῇ εὐνουστάτῃ μου ὁμευνέτιδι. τὰς γὰρ ὑμετέρας ψυχὰς ὑπὲρ ἐμοῦ τεθείκατε. ὁ δὲ πρωτοσύμβουλος εἶπεν· οὐ δεῖ ἡμᾶς τοὺς ὑπηκόους τοιαῦτα δῶρα λαμβάνειν. δικαιότερον γὰρ ταῦτα παρὰ σοῦ λαμβάνειν οἱ κατὰ γένος σοι προσήκοντες. ὁ δὲ βασιλεὺς ἔφη· σὺ τῆς ἐμῆς γέγονας πρωταίτιος σωτηρίας καὶ μυρίων ἄξιος εἶ τῶν εὐεργετημάτων. εἶτα ἔλαβεν ὁ βασιλεὺς τὸν λευκὸν ἐλέφαντα καὶ δέδωκε τῷ υἱῷ αὐτοῦ ἕνα τῶν ἵππων, τῷ δὲ πρωτοσυμβούλῳ τὴν πολύτιμον σπάθην,

Sogleich stieg er auf sein Pferd, ging zum Asketen und verkündete ihm, was er (im Traum) gesehen hatte. Der sagte: Fürchte dich nicht, König! Nichts Böses bedeutet nämlich dein Traum. Die zwei Fische, die du auf einem Berg laufen sahst, offenbaren, dass ein Gesandter von einem der Vornehmen zu dir kommen wird, der zwei sehr wertvolle Elefanten mitbringen wird. Die zwei Enten, die du fliegen sahst, bedeuten, dass auch ein Gesandter der Perser zu dir kommen wird, der dir zwei kostbare Pferde mitbringen wird. Die Schlange, die auf dir kroch, bedeutet, dass dir ein Schwert gebracht wird, wie es noch niemand gesehen hat. Die Färbung mit Blut bedeutet, dass du ein Purpurgewand als Ehrengabe erhältst, das in der Dunkelheit glänzt. Das Wasser bedeutet, dass du mit ausgezeichneten Gewändern geehrt wirst. Der Gang auf den Gipfel eines weißen Bergs ist ein untrügliches Zeichen dafür, dass du auf einem weißen Elefanten reiten wirst. Das Feuer über deinem Kopf ist eine Krone und sagt voraus, dass du eine überaus wertvolle Krone von einem der größten Könige erhalten wirst. Über den Vogel, der dich auf dem Kopf schlug, will ich noch nichts sagen. Er bedeutet eine teilweise Trauer und eine Abwendung zum ersehnten Gesicht. Dies alles wird dir innerhalb von sieben Tagen geschehen.

Das aber geschah am siebten Tag: Es kamen an jenem Tag die Gesandten und brachten alles, was der Asket gesagt hatten, als Geschenk. Als der König dies sah und heftig erschrak, sagte er: Der Verständige darf nur von Freunden Worte annehmen. Dann sah er die Geschenke und sagte: Davon darf ich mir nichts anmaßen, sondern nehmt dies ihr zusammen mit meiner wohlverständigen Gattin. Ihr habt ja eure Seelen über mich gestellt. Der *Protosymboulos* sagte: Wir Untergebenen dürfen diese Geschenke nicht annehmen. Gerechter nämlich ist es, wenn die mit dir in der Familie Verwandten sie von dir erhalten. Der König sagte: Du bist für mich der erste Grund für die Rettung geworden und dieser Wohltaten zehntausendfach würdig. Da nahm der König selbst den weißen Elefanten und gab seinem Sohn eines der Pferde, dem *Protosymboulos* das wertvolle Schwert

τῷ δὲ ἀσκητῇ ἔπεμψε τὰ λοιπὰ πολυτελῆ ἐνδύματα. τὰ δὲ λοιπὰ προσέταξε τῷ πρωτοσυμβούλῳ φέρειν μεθ' ἑαυτοῦ ἐπὶ τὰς γυναῖκας.

ἦσαν δὲ τούτῳ φίλταται δύο, ἥ τε συναινέσασα τούτῳ τὸν ἀσκητὴν περὶ τῶν ὀνείρων ἐπερωτῆσαι καὶ ἑτέρα. καὶ παρέθηκε ταύταις τὸν στέφανον καὶ τὴν πορφύραν καὶ εἶπε πρὸς τὴν σύμβουλον· ἐπίλεξαι τῶν δύο, ὃ προαιρῇ, εἴτε τὸ στέμμα εἴτε τὴν πορφύραν, ὡς ἂν ἡ ἑτέρα λάβῃ τὸ καταλειφθέν. ἡ δὲ ἀποροῦσα, ὁποῖον προέληται, εἶδε πρὸς τὸν πρωτοσύμβουλον. ὁ δὲ ἔνευσε ταύτῃ προκρῖναι τὸν ἱματισμόν. ἔτυχε δὲ τηνικαῦτα τὸν βασιλέα τὸν ὀφθαλμὸν ἆραι καὶ εἶδε τὸν πρωτοσύμβουλον τῇ γυναικὶ προσνεύοντα περὶ τοῦ ἱματισμοῦ. ἡ δὲ ἰδοῦσα, ὡς οὐκ ἀνένευσεν αὐτῇ τὸ νεῦμα ἀλλ' ἔμεινε κάτω νεύων, τὸν στέφανον ἀνελάβετο. ὁ δὲ πρωτοσύμβουλος ἔκτοτε τὸν ὀφθαλμὸν ἔκλινεν ἐπὶ τεσσαράκοντα ἔτεσιν, ἵνα ὑπολάβῃ ὁ βασιλεύς, ὡς ὁ ὀφθαλμὸς αὐτοῦ πάθος εἶχε τοιοῦτον καὶ οὐ νεῦμα ἦν τὸ εἰς τὴν γυναῖκα γενόμενον. καὶ εἰ μὴ τοῦτο ἔδρασε, περὶ τὸ ζῆν ἂν ἐκινδύνευσε.

μιᾷ οὖν τῶν ἡμερῶν ἡ τὸν στέφανον λαβοῦσα τοῦτον ταινιωθεῖσα προσήνεγκε τῷ βασιλεῖ ὀρύζιον ἐν πίνακι. ἰδοῦσα δὲ ταύτην ἡ ἑτέρα τὴν πορφύραν ἐνεδύσατο καὶ εἰσελθοῦσα ἔπλησε φωτὸς τὸν τόπον ἐκεῖνον. ὡς οὖν εἶδε ταύτην ὁ βασιλεύς, ἐπόθησε καὶ εἶπε πρὸς τὴν ἑτέραν· τί παθοῦσα τὴν τοιαύτην πορφύραν κατέλιπες, τὸν δὲ στέφανον προέκρινας; ἡ δὲ θυμοῦ πλησθεῖσα ἔρριψε τὸν πίνακα κατὰ τῆς τοῦ βασιλέως κεφαλῆς καὶ ἐπεχύθη τούτῳ ἡ ὄρυζα, ἐφ' ᾧ πάνυ ὀργισθεὶς ὁ βασιλεὺς προσέταξε τῷ πρωτοσυμβούλῳ ταύτην καρατομῆσαι καὶ μηδόλως φείσασθαι αὐτῆς. ὁ δὲ ταύτην παραλαβὼν καὶ ἐξελθὼν διελογίσατο καθ' ἑαυτόν, μήποτε ὁ βασιλεὺς μεταμεληθῇ ἐπὶ τῇ ἀναιρέσει αὐτῆς· καὶ διὰ τοῦτο ταύτην γυναιξί τισι παραδοὺς διὰ πάσης τιμῆς ἄγεσθαι ταύτην ἐκέλευσεν. ὁ δὲ βασιλεὺς μετάμελος σφόδρα γεγονὼς καὶ ἀναμιμνησκόμενος τῆς εὐνοϊκῆς πρὸς αὐτὸν διαθέσεως

und dem Asketen die übrigen prächtigen Kleider. Er befahl dem *Protosymboulos*, das Übrige mit sich zu den Frauen zu bringen.

Der König hatte zwei ihm liebste Frauen: eine, die ihm geraten hatte, den Asketen über die Träume zu befragen, und eine andere. Er legte ihnen die Krone und das Purpurkleid vor und sagte zur Ratgeberin: Wähle aus den beiden, was du bevorzugst, entweder die Krone oder das Purpurkleid, so dass die andere das Übrige erhält. Sie aber war unschlüssig und sah deshalb den *Protosymboulos* an. Dieser blinzelte ihr zu, das Kleid zu bevorzugen. Zufällig hob der König seinen Blick und sah, dass der *Protosymboulos* der Frau in Bezug auf das Kleid zublinzelte. Sie sah, dass er ihr das Blinzeln nicht wieder aufhob, sondern weiterhin nach unten blinzelte, und wählte die Krone. Der *Protosymboulos* blinzelte seither mit seinem Auge 40 Jahre lang, damit der König annähme, dass sein Auge ein derartiges Leiden habe und es kein Blinzeln gab, das der Frau zugekommen war. Wenn er das getan hätte, wäre er in Lebensgefahr gewesen.

Eines Tags nahm die Königin diese Krone und brachte so bekränzt dem König Reis auf einem Brett. Dies sah die andere Frau, zog sich das Purpurkleid an, ging hinein und erfüllt jenen Ort mit Glanz. Da der König sie nicht sah, wurde er begehrlich und fragte die andere: Was ist dir geschehen, dass du dieses Purpurkleid übergangen und die Krone vorgezogen hast? Sie aber war voll von Zorn, warf das Brett auf den Kopf des Königs und schüttete ihm den Reis auf. Darauf war der König zornig und befahl dem *Protosymboulos*, sie zu enthaupten und keinesfalls zu verschonen. Der übernahm sie, ging hinaus und beriet sich mit ihr, dass nicht doch einmal der König wegen ihrer Tötung reumütig werden könnte; er übergab er sie deshalb einigen Frauen und befahl, sie in allen Ehren zu halten. Der König wurde bald sehr reumütig, erinnerte sich an die wohlwollende Haltung ihm gegenüber und war ganz mutlos. Da verstand der

ἠθύμει τὰ μέγιστα. ἔγνω οὖν ὁ πρωτοσύμβουλος τὴν τοῦ βασιλέως ἀθυμίαν καὶ εἶπε πρὸς αὐτόν· οὐδεμία ὄνησις ἐπιγίνεταί τινι ἐκ τῆς μερίμνης καὶ τῆς φροντίδος, ἀλλὰ σαρκὸς ἔκτηξις, ὥς τις ἔφησε τῶν σοφῶν· νοῦς ἐμμέριμνος σὴς βιβρώσκων ὀστέα. παρακλήθητι οὖν, ἐφ' οἷς οὐκ ἔστιν ἀνάκλησις, μήπως ταὐτόν τι πάθῃς τῷ τῶν περιστερῶν.

(126) λέγεται γάρ, ὡς ἄρρην καὶ θήλεια τὴν οἰκείαν ἔπλησαν φωλεὰν σίτου ὑγροτάτου καὶ συνεῖδον ἄμφω μὴ πρότερον ἅψασθαι τοῦ ἀποταμιευθέντος σίτου πρὸ τοῦ τὰς θύραθεν ἐπιλεῖψαι διατροφάς. θέρους δὲ καταλαβόντος καὶ τοῦ ἡλίου τὴν ἐν τῷ σίτῳ ὑγρότητα ἀνιμήσαντος εἰς μικρὸν ὄγκον κομιδῇ ὁ τούτου συνεστάλη ὄγκος. ὅπερ ἰδοῦσα ἡ ἄρρην περιστερὰ ὑπέλαβε τὴν θήλειαν τοῦτον καταφαγεῖν, καὶ διὰ τοῦτο οὐ διέλιπε ταύτην τύπτων ἀφειδῶς, ἄχρις ὅτου ἀπέκτεινε ταύτην. χειμῶνος δὲ ἐπιγενομένου καὶ τοῦ σίτου αὖθις ὀγκωθέντος ἔγνω ἡ περιστερά, ὡς ἀδίκως τὴν σύζυγον ἀνῄρηκε, καὶ διὰ τοῦτο ἐθρήνει διηνεκῶς καὶ ὑπὸ τῆς λύπης ἐξέπνευσεν. οὕτως οἱ μὴ ἀνεχόμενοι καὶ τοῦ θυμοῦ κυριεύοντες πάσχουσι.

(129a) τί δέ σοι μέλει, ὦ βασιλεῦ, περὶ τῆς μιᾶς γυναικὸς τῶν μυρίων ἔχων ἐπέκεινα; ἐάσας τὸ ταύταις ἐφήδεσθαι καὶ μόνην τὴν ἀποιχομένην ὀδύρῃ. (129b) ὡς οὖν ταῦτα ἤκουσεν ὁ βασιλεύς, περίλυπος γέγονε, μήποτε τὴν γυναῖκα αὐτοῦ ἀνῄρηκε, καὶ πρὸς αὐτὸν εἶπεν· οὕτως δι' ἑνός μου ῥήματος τοιοῦτον μῦσος ἔδρασας. ὁ δὲ εἶπεν· ὁ τοῦ νουνεχοῦς εἷς λόγος ἀμετάτρεπτος. (129d) ὁ δὲ βασιλεὺς εἶπεν· οὐδεὶς ἐν πᾶσιν ἀναμάρτητος. καὶ τὸ τέλειον παρ' οὐδενὶ τῶν ἀνθρώπων ἐστί. καὶ μετὰ πολλὰς διαλέξεις καὶ μετὰ τὴν τοῦ βασιλέως ἀπόγνωσιν στεφηφοροῦσαν αὐτῷ παρήνεγκε τὴν ὁμευνέτιν. καὶ ταύτην ἰδὼν ὁ βασιλεὺς πάνυ περιχαρὴς γεγονὼς πολυτελέσι τοῦτον δεξιώμασιν ἐφιλοτιμήσατο.

Protosymboulos die Mutlosigkeit des Königs und sagte zu ihm: Keinen Nutzen hat jemand von Kummer und Sorge, sondern eine Schwächung des Körpers, wie einer der Weisen gesagt hat. Ein besorgter Sinn frisst deine Knochen an. Rufe also nach vorn, von wo es keinen Rückruf gibt, damit du nicht dasselbe erleidest wie die Tauben.

(126) Man erzählt nämlich: Zwei Tauben, ein Männchen und ein Weibchen, hatten ihr Nest mit ganz feuchtem Getreide angefüllt und sich beide verständigt, dass niemand eher von dem Getreideschatz essen sollte, als bis draußen die Nahrung ausbleibe. Als der Sommer herbeikam und die Sonne die Feuchtigkeit im Getreide austrocknete, wurde der Haufen davon zu einem ganz und gar kleinen Haufen. Wie das Männchen dies sah, schöpfte er den Verdacht, dass das Weibchen dies gegessen habe, und ließ deshalb nicht nach, sie schonungslos zu schlagen, bis er sie getötet hatte. Als der Winter kam, schwoll auch das Getreide wieder auf; da verstand der Taubenmann, dass er seine Gemahlin zu Unrecht umgebracht hatte, bejammerte sie fortwährend und verstarb aufgrund der Trauer. So leiden diejenigen, die sich nicht zurückhalten und vom Zorn beherrscht werden.

(129a) Was bekümmerst du dich, o König, wegen einer Frau, der du doch Zehntausende darüber hinaus hast? Du unterlässt es, dich an diesen zu erfreuen, und beklagst nur die eine, die fort ist. (129b) Als der König dies hörte, wurde er sehr traurig darüber, dass er seine Frau je getötet hatte, und sagte zu ihm: So hast du auf ein einziges Wort von mir so viel Schreckliches gemacht. Er sagte: Das eine Wort eines Vernünftigen ist unumkehrbar. (129d) Der König sagte: Niemand ist in allen unfehlbar; das Letzte liegt bei keinem der Menschen. Und nach vielen Unterredungen und nach dem Beschluss des Königs, sich umzubringen, führte er die bekrönte Gattin zu ihm. Als der König sie sah, war er sehr froh und beschenkte ihn mit vielen Ehrengaben.

8. (9.)

(132) Ὁ δὲ βασιλεὺς εἶπε τῷ φιλοσόφῳ· ἀνάγγειλόν μοι, πῶς δεῖ τὰς ἔχθρας εὐλαβεῖσθαι καὶ τὰς μνησικακίας παρατηρεῖν.

ὁ δὲ φιλόσοφος εἶπε· (133a) λέγεταί, δέσποτα, ὡς βασιλεύς τις εἶχε κίσσαν ὡραιοτάτην πάνυ καὶ λογικήν. εἶχε δὲ αὕτη στρουθὸν καὶ διῃτῶντο ἄμφω παρὰ τῇ τοῦ βασιλέως ὁμευνέτιδι. ἔτυχε δέ ποτε τῶν καιρῶν παῖδα τεκεῖν, ὃ δὴ καὶ συνέπαιζε τῷ τῆς κίσσης στρουθῷ. ἡ δὲ κίσσα συνεχῶς ἀπεδήμει καὶ ἤνεγκε καθ' ἑκάστην δύο ξένων δένδρων καρπούς, ὧν τὸν μὲν ἐδίδου τῷ τοῦ βασιλέως παιδί, τὸν δὲ ἕτερον τῷ αὐτῆς στρουθῷ. καὶ διὰ τοῦτο ἤγετο ἡ κίσσα διὰ μεγίστης τιμῆς τῷ βασιλεῖ.

συνέβη δὲ τὸν τοῦ βασιλέως παῖδα κατὰ τοῦ στρουθοῦ ὀργισθῆναι καὶ τοῦτον ῥίψαι χαμαὶ καὶ κατὰ τοῦ ἐδάφους βαλεῖν καὶ ἀποκτεῖναι. ἐλθοῦσα δὲ ἡ κίσσα καὶ τὸν στρουθὸν αὐτῆς εὑροῦσα ἀνῃρημένον ἐφώνησε λέγουσα· οὐαὶ τοῖς συναυλιζομένοις τοῖς βασιλεῦσιν ἀβεβαίοις οὖσι καὶ ἀστηρίκτοις καὶ τὴν γνώμην ἀστάτοις, οἵτινες οὐκ ἄλλου τινὸς ἀντιποιοῦνται, εἰ μὴ μόνον ὧν ἐπιδέονται, καὶ ἕως τότε τούτων ἀντιλαμβάνονται, ἄχρις ἂν αὐτῶν ὦσιν ἐπιδεεῖς, οἵτινες καὶ τὰ μέγιστα πολλάκις πλημμελοῦντες οὐδὲ μικρὸν ἁμαρτάνειν λογίζονται.

εἶτα εἶπεν· ἀνταμείψομαι σήμερον καὶ ἀποτίσω τὸν ἀπηνῆ καὶ σκληρότατον παῖδα. καὶ ἐπεισπηδήσασα τῷ τοῦ παιδὸς προσώπῳ τοὺς ὀφθαλμοὺς αὐτοῦ ἐξεκέντησε, καὶ ἐπί τινα ὑψηλότατον καὶ ἄβατον τόπον ἀποστᾶσα ἔστη.

ὅπερ ἀκούσας ὁ βασιλεὺς καὶ ὀργῆς καὶ θυμοῦ πλησθεὶς ἐπειράθη τὴν κίσσαν καταγαγεῖν, ὅθεν καὶ ὀνομαστὶ ταύτην ἐκάλει πραείᾳ καὶ ἡμερωτάτῃ φωνῇ.

8. (9.)

(132) Der König sagte zum Philosophen: Vermelde mir, wie man sich vor Feindschaften hüten und sich vor Erinnerungen an erlittene Übel bewahren kann.

Der Philosoph sagte: (133a) Man erzählt, Herr: Ein gewisser König hatte eine sehr schöne und sprechende Elster. Sie hatte ein Junges, und beide verbrachten ihr Leben bei der Gemahlin des Königs. Es kam aber die Zeit und sie gebar einen Sohn, der auch mit dem Jungen der Elster spielte. Die Elster war oft fort und brachte jeden Tag Früchte von zwei fremden Bäumen, von denen sie eine dem Sohn des Königs gab, die andere ihrem eigenen Jungen. Und deshalb wurde die Elster beim König in höchster Ehre gehalten.

Nun geschah es, dass der Sohn des Königs auf das Junge zornig war, es herunterwarf, auf den Boden schleuderte und tötete. Als die Elster kam und ihr Junges getötet vorfand, rief sie laut und sagte: Wehe den Höflingen, die bei unbeständigen, ungestützten und in ihrer Meinung schwankenden Königen sind! Diese vergelten einem anderen nichts, wenn sie nicht gerade darum gebeten werden, und bis sie dies dann von jenen erhalten, solange bleiben sie Schuldner, die selbst größte Vergehen begangen haben, aber auch kleine Verfehlungen nicht einrechnen.

Dann sagte sie: Ich werde heute Vergeltung üben und mich an dem harten und ganz sturen Sohn rächen. Und sie setzte sich auf den Kopf des Sohns und hackte ihm die Augen aus; dann flog sie auf einen sehr hohen und unzugänglichen Ort und setzte sich hin.

Als der König dies hörte, wurde er von Rache und Zorn erfüllt und versuchte, die Elster zu ergreifen; daher rief er sie auch beim Namen mit sanfter und ganz milder Stimme.

ἡ δὲ εἶπεν· ὦ βασιλεῦ, μεγίστην ἔχει τὴν τιμωρίαν ἡ παρασπόνδησις, καὶ εἰ μὴ ἐν τῷ νῦν αἰῶνι αὕτη γίνεται, ἀλλ' ἐν τῷ μέλλοντι ἀνταποδίδοται. διαβαίνει γὰρ αὕτη καὶ μέχρι παίδων αὐτῶν καὶ ἐκγόνων.

καὶ ὁ βασιλεύς· ἀληθῶς εἶπας. παρεσπονδήσαμεν γὰρ ὄντως ἡμεῖς, ἀλλὰ σὺ τὴν ἀξίαν ποίνην ἀπειργάσω καὶ τὴν ἀντέκτισιν. λοιπὸν οὔτε σὺ ὑπόχρεος τυγχάνεις ἡμῖν, οὔθ' ἡμεῖς σοί. ἐλθὲ οὖν πρὸς ἡμᾶς ἀνενδοιάστως καὶ ἄνευ φόβου τινός.

ἡ δὲ εἶπε· μάτην με προσκαλῇ. οὔτε προσεγγίσω σοί ποτε τῷ ἐμῷ ἐχθρῷ, ἐπεὶ οὐδὲ θαρρεῖν δεῖ οὔτε πιστεύειν τοῖς τοῦ ἐχθροῦ κολακευτικοῖς λόγοις. λυσιτελέστερον οὖν ἐστι τὸ πόρρωθεν τούτων εἶναί με. ὁ γὰρ νουνεχὴς φίλους μὲν ἡγεῖται τοὺς γονεῖς, συντρόφους δὲ τοὺς ἀδελφούς, συνήθεις δὲ τὰς γυναῖκας, τοὺς δὲ παῖδας μνημόσυνον, τὰς δὲ παιδίσκας ἐριδοποιάς, τοὺς δὲ συγγενεῖς δανειστὰς καὶ ἑαυτὸν μονότροπον. κἀγὼ οὖν λαβὼν παρ' ὑμῶν ἀνεξάλειπτον λύπην ἄπειμι ἀνεπιστρέπτως.

Sie sagte: O König, die größte Strafe hat der Treubruch, auch wenn mir dies nicht in der jetzigen Zeit geschieht, sondern in der Zukunft zustoßen wird. Er geht nämlich auch bis auf die Kinder und Nachfahren über.

Der König: Wahr hast du gesprochen. Wir haben nämlich in der Tat einen Treubruch begangen, aber du hast die verdiente Strafe und Rache abgearbeitet. Im Übrigen bis du uns nichts mehr schuldig und wir dir auch nichts. Komme zu uns ohne Angst und ohne jede Furcht.

Sie sagte: Vergebens rufst du mich. Ich werde mich dir nicht als meinem einstigen Feind nähern, da man weder mutig sein noch den schmeichlerischen Worten des Feindes vertrauen darf. Nützlicher ist es, wenn ich weit weg davon bin. Der Vernünftige hält für Freunde die Eltern, für Pflegegeschwister die Brüder, für Vertraute die Gattinnen, für Bewahrer die Söhne, für Deserteure aber die Töchter, für Wucherer die Verwandten und sich selbst für allein. Auch ich also nehme von euch unauslöschliche Trauer und gehe ohne Umkehr fort.

Anhang

Bibliographie

Anton, M.: Stephanites und Ichnelates, in: Ranke, K. / Brednich, R. W. u. a. (Hgg.): Enzyklopädie des Märchens, Bd. 12, Berlin 2007, 1240–1243

Aurivillius, P. F.: Prolegomena ad librum Στεφανίτης καὶ Ἰχνελάτης, Uppsala 1780

Barbara, R.: Steiner-Lehmus, revisited, in: Mathematical Gazette 91, 2007, 528–529

Beck, H.-G.: Geschichte der byzantinischen Volksliteratur, Handbuch der Altertumswissenschaft 12.2.3, München 1971

Bloch, I.: Byzantinische Medizin, in: Puschmann, Th. / Neuburger, M. / Pagel, J. L. (Hgg.): Handbuch der Geschichte der Medizin, Bd. 1, Jena 1902, 492–567

Blum, W.: Byzantinische Fürstenspiegel, Bibliothek der griechischen Literatur 14, Stuttgart 1981

Bouras-Vallianatos, P.: Galen in Byzantine Medical Literature, in: Bouras-Vallianatos, P. / Zipser, B. (Hgg.): Brill's Companion to the Reception of Galen, Brill's Companions to Classical Reception 17, Leiden 2019, 86–110

Bouras-Vallianatos, P. / Xenophontos, S.: Galen's Reception in Byzantium. Symeon Seth and his Refutation of Galenic Theories on Human Physiology, in: Greek, Roman, and Byzantine Studies 55, 2015, 459–463

Brodersen, K.: Philogelos, Antike Witze, Wiesbaden 2016

Brodersen, K.: Symeon Seth, Das A und O vom Essen und Trinken, Wiesbaden 2022 in Vorb.

Brunet, M.-É.-P.-L.: Siméon Seth, médecin de l'empereur Michel Douca. Sa vie, son oeuvre, Diss. (med.) Bordeaux 1939

Cheikho, L.: La version arabe de Kalilah et Dimnah, d'après le plus ancien manuscrit arabe daté, Beirut 1905 (2. Aufl. 1923)

Condylis-Bassoukos, H.: Stéphanitès kai Ichnélatès, traduction grecque (XIe siècle) du livre Kalīla wa-Dimna d'Ibn al-Muqaffaʿ (VIIIe siècle), Fonds René Draguet 11, Löwen 1997

Cronier, M. u. a.: Galien en procès à Byzance. L'Antirrhétique de Syméon Seth, in: Galenos 9, 2015, 71–121
Delatte, A.: Anecdota Atheniensia et alia, Bd. 2, Lüttich und Paris 1939
Fansa, M. / Grunewald, E.: Vorwort, in: Fansa, M. (Hg.): Tierisch moralisch. Die Welt der Fabel in Orient und Okzident, Schriftenreihe des Landesmuseum Natur und Mensch Oldenburg 63, Wiesbaden 2009, 11–14
Gautier, P.: Le Typikon du Christ Sauveur Pantokrator, in: Revue des Études Byzantines 32, 1974, 1–145
Götz, R.: Das Archigymnasium in Soest 1789–1820, Wissenschaftliche Schriften der WWU Münster Reihe 10, Bd. 1, Münster 2009 (zunächst Diss. Münster 2008)
Grotzfeld, H. / Grotzfeld, S. / Marzolph, U.: Kalila und Dimna, in: Ranke, K. / Brednich, R. W. u. a. (Hgg.): Enzyklopädie des Märchens, Bd. 7, Berlin 1993, 888–895
Harig, G.: Von den arabischen Quellen des Simeon Seth, in: Medizinhistorisches Journal 2, 1967, 248–268
Helmreich, G.: Handschriftliche Studien zu Symeon Seth, Programm Gymnasium Ansbach 1912/13, Ansbach 1913
Hertel, J.: Das Pañcatantra. Seine Geschichte und seine Verbreitung, Leipzig und Berlin 1914
Hohlweg, A.: Seth, in: Buchwald, W. / Hohlweg, A. / Prinz, O.: Tusculum-Lexikon griechischer und lateinischer Autoren des Altertums und des Mittelalters, 3. Aufl. München 1982, 723–724
Holzberg, N.: Äsop und die griechisch-römische Fabeltradition, in: M. Fansa/E. Grunewald (Hgg.): Von listigen Schakalen und törichten Kamelen. Die Fabel in Orient und Okzident. Wissenschaftliches Kolloquium, Schriftenreihe des Landesmuseum Natur und Mensch Oldenburg 62, Wiesbaden 2008, 11–22 (Kurzfassung in Fansa [s. o.] 2009, 41–43)
Holzberg, N.: Leben und Fabeln Äsops, Sammlung Tusculum, Berlin 2021
Hunger, H.: Die hochsprachliche profane Literatur der Byzantiner, Bd. 2, Handbuch der Altertumswissenschaft 12.5.2, München 1978
Husselman, E.: A Fragment of Kalilah and Dimnah from Ms. 397 in the Pierpont Morgan Library, Studies and Documents 10, London 1939

Ideler, J. L.: Physici et Medici Graeci minores, Bd. 2, Berlin 1842
Jacobs, J.: Jewish Diffusion of Folk-Tales, in: Jacobs, J.: Jewish Ideals, and Other Essays, London und New York 1896, 135–161
Kennedy, G. A.: Progymnasmata. Greek Textbooks of Prose Composition and Rhetoric, Writings from the Greco-Roman World 10, Atlanta 2003
Langkavel, B.: Simeonis Sethi Syntagma de alimentorum facultatibus, Leipzig 1868
Koch, E. E.: Geschichte des Kirchenlieds und Kirchengesangs, Bd. 5, 3. Aufl. Stuttgart 1868
Krönung, B.: The Wisdom of the Beasts. The Arabic Book of Kalīla and Dimna and the Byzantine Book of Stephanites and Ichnelates, in: Cupane, C. / Krönung, B. (Hgg.): Fictional Storytelling in the Medieval Eastern Mediterranean and Beyond, Brill's Companions to the Byzantine World 1, Leiden 2016, 427–460
Lehmus, C. B.: Abuschalem und sein Hofphilosoph, oder die Weisheit Indiens in einer Reihe von Fabeln, Leipzig 1778
Magdalino, P.: The Byzantine Reception of Classical Astrology, in: Holmes, C. / Waring, J. (Hgg.): Literacy, Education and Manuscript Transmission in Byzantium and Beyond, The Medieval Mediterranean 42, Leiden 2002, 33–57
Magdalino, P.: The Porphyrogenita and the Astrologers, in: Dendrinos, Ch. u. a. (Hgg.): Porphyrogenita. Essays on the History and Literature of Byzantium and the Latin East in Honour of Julian Chrysostomides, Aldershot und Burlington 2003, 15–31
Moore, P.: Iter Psellianum, Subsidia Mediaevalia 26, Toronto 2005
Niehoff-Panagiotidis, J.: Übersetzung und Rezeption. Die byzantinische-neugriechischen und altspanischen Versionen von Kalîla wa Dimna, Serta Graeca 18, Wiesbaden 2003, „
Papademetriou, J.-Th.: Studies in the Manuscript Tradition of Stephanites kai Ichnelates. Diss. University of Illinois at Urbana-Champaign 1960 (http://hdl.handle.net/2142/58928; in keiner europäischen Bibliothek nachgewiesen und online nicht zugänglich)
Puntoni, V.: Στεφανίτης καὶ Ἰχνελάτης, Quattro recensioni della versione greca del kitāb Kalīla wa-Dimna, Pubblicazioni della Società Asiatica Italiana 2, Florenz 1889
Rabe, H: Aphthonii Progymnasmata, Rhetores Graeci 10, Leipzig 1926

Rappoport, A. S.: The Folklore of the Jews, London 1937
Reinsch, D. R.: Anna Komnene, Alexias, 2. Aufl. Berlin und New York 2001
Schmid, M.: Eine Galenkontroverse des Simeon Seth, in: XVIIe Congrès International d'Histoire de la Médecine, Bd. 1, Athen 1960, 491–495
Schröder, H.: Lexikon der hamburgischen Schriftsteller bis zur Gegenwart, Bd. 7, Hamburg 1879
Singerman, R.: Jewish Translation History, Benjamins Translation Library 44, Amsterdam u. a. 2002
Sjöberg, L.-O.: Stephanites und Ichnelates, Studia Graeca Uppsaliensia 2, Stockholm u. a. 1962
Starkius = Star(c)ke, S. G.: Specimen sapientiae Indorum veterum, Berlin 1697
Sternai Saraceno, E., Kalila et Dimna à Constantinople et dans l'Italie de la Renaissance. La traduction du Stephanites et Ichnelates grec et les autres adaptions, in: Uhlig, M. / Foehr-Janssens, Y. (Hgg.): D'orient en occident. Les recueils de fables enchâssées avant les Mille et une Nuits de Galland, Cultural encounters in Late Antiquity and the Middle Ages 16, Turnhout 2014, 393–407
Varella, E. A.: Orientalische Elemente in der byzantinische Heilkunde, in: Medicina nei Secoli N. S. 7, 1995, 29–40
Volk, R.: Einige Beiträge zur mittelgriechischen Nahrungsmittelterminologie, in: Hörander, W. / Trapp, E. (Hgg.): Lexikographica Byzantina. Beiträge zum Symposion zur byzantinischen Lexikographie, Byzantina Vindobonensia 20, Wien 1989, 293–311
Volk, R.: Symeon 13, in: Lexikon des Mittelalters, Bd. 8, München 1997, 365–366
Wolff, Ph.: Das Buch des Weisen in lust- und lehrreichen Erzählungen des indischen Philosophen Bidpai aus dem Arabischen. 2 Bde. 2. Aufl. Stuttgart 1838 (Neudruck mit Nachwort von J. C. Bürgel, Zürich 1995, erneut Wiesbaden 2009)

Register der Tiere

Am byzantinischen Hof wirkte im 11. Jahrhundert der gelehrte Symeon Seth. Neben Schriften zur Naturkunde, zur Astronomie und zur Medizin schuf er zwei einflussreiche Werke: ein *A und O vom Essen und Trinken*, in dem er die wichtigsten Nahrungs- und Genussmittel und ihre Wirkungen auf den menschlichen Körper darlegte, und eine griechische Version der alten indischen, über die arabische Welt als *Kalīla wa-Dimna* nach Byzanz gekommenen Fabelsammlung, die er unter dem Titel *Stephanites und Ichnelates* bot. Im Rahmen einer Art von Fürstenspiegel wird hier anhand von Tierfabeln erklärt, was für ein gedeihliches Miteinander das Beste ist.

Diese erste zweisprachige Ausgabe des Fabelbuchs von Symeon Seth erscheint zu Ehren von Prof. Dr. Niklas Holzberg.

Kai Brodersen ist Professor für Antike Kultur an der Universität Erfurt.